CB139811

Novas mensagens de
Maria
Volume 2

RECEBIDAS POR
ANNIE KIRKWOOD

NOVAS MENSAGENS DE *Maria*

Revelações de esperança

VOLUME 2

Tradução de
CLARA FERNANDES

NOVA ERA

CIP-Brasil. Catalogação-na-fonte
Sindicato Nacional dos Editores de Livros, RJ.

M285n
v. 2

Maria, Virgem, Santa (Espírito)
Novas mensagens de Maria, v. 2: revelações de esperança / recebidas por Annie Kirkwood; tradução de Clara Fernandes. – Rio de Janeiro: Nova Era, 2006.

Tradução de: Mary's message of hope
Inclui bibliografia
ISBN 85-7701-042-2

1. Vida espiritual. 2. Obras psicografadas. I. Kirkwood, Annie, 1937-. II. Título.

CDD – 133.93
05-3665
CDU – 133.9

Título original norte-americano:
MARY'S MESSAGE OF HOPE – VOLUME TWO
Copyright © 2002 Annie Kirkwood

Todos os direitos reservados. Proibida a reprodução, no todo ou em parte, sem autorização prévia por escrito da editora, sejam quais forem os meios empregados, com exceção, das resenhas literárias, que podem reproduzir algumas passagens do livro, desde que citada a fonte.

Direitos exclusivos de publicação em língua portuguesa para o Brasil adquiridos pela EDITORA BEST SELLER LTDA.
Rua Argentina 171 – Rio de Janeiro, RJ – 20921-380 – Tel.: 2585-2000
que se reserva a propriedade literária desta tradução

Impresso no Brasil

ISBN 85-7701-042-2

PEDIDOS PELO REEMBOLSO POSTAL
Caixa Postal 23.052
Rio de Janeiro, RJ – 20922-970

Este livro é dedicado a
todos os leitores de
Mary's Message/Newsletter

Sumário

Introdução

Foi uma surpresa para mim essas mensagens continuarem a chegar. Achei que quando terminasse de receber as que foram publicadas em formato livro com o título *Mensagens de Maria para o mundo* teria concluído o meu trabalho e, exceto por mensagens pessoais, pareceu ser esse o caso. Então, em 1992, a Virgem Maria nos pediu para transmitir "Suas mensagens" para vocês, "Seus leitores". Primeiro, elas foram divulgadas por meio de uma revista, por correio, e agora também estão em nosso website. Desde então, espero que terminem a qualquer momento. Periodicamente, pergunto: "Eu concluí o meu trabalho, ou continuarei a receber as mensagens?" Como vocês podem ver, continuo a recebê-las e, mês sim mês não, chega uma nova mensagem.

Ao longo dos anos a Virgem Maria instou-me a viver Sua mensagem. Em minha parte da revista escrevo sobre minhas experiências. Maria também insiste em que eu seja honesta sobre como estou vivendo essa mensagem, o que nem sempre tem sido fácil. Mas seis vezes por ano sinto que desnudo a minha alma. Graças a Deus passei a acreditar que os assinantes da revista são meus amigos, o que torna isso mais fácil.

Conheci muitos deles enquanto viajava pelos Estados Unidos. Conversamos pelo telefone e muitos me escrevem dizendo que também estão tentando viver a mensagem. Freqüentemente me dizem que partilhamos experiências, ou que estão experimentando eventos ou situações similares aos que eu vivo. Agora em forma de livro, essas mesmas mensagens adquirem uma nova vida, porque alcançam um número muito maior de pessoas.* Como vocês vão descobrir ao ler este livro, eu choro, zango-me, amo, tenho dúvidas, transbordo de alegria e, de vez em quando, sinto o mais profundo desespero. Em minha condição muito humana tento ter uma vida plena de Deus — de paz, alegria e amor incondicional.

Não é preciso dizer que as mensagens da Virgem Maria sempre inspiram uma admiração reverente. Não há nada a explicar, exceto que foi uma bênção inimaginável ter sido escolhida como Sua mensageira. Maria é sempre amorosa, paciente, compassiva, serena e encorajadora. Ela nos inspira, nos envolve com Seu profundo amor e nos explica como ter esperança, paz e amor em nossas vidas. Como freqüentemente me é dito: "Você pode viver a mensagem. É simples, mas não é fácil."

*Este livro é a compilação das mensagens publicadas em *Mary's Message/Newsletter* no período entre dezembro de 1996 e abril de 2000. (*N. do E.*)

Espero que vocês obtenham uma inspiração semelhante para mudar as suas vidas. Por experiência própria posso lhes dizer que, como vivi a mensagem o melhor que pude, mudei drasticamente, curei-me de uma raiva profundamente arraigada e pude perdoar os responsáveis pelo abuso sexual que sofri na infância. Ressalto que meu pai não foi um dos meus abusadores, e sou grata por isso. Eu os encorajo a levar a sério as palavras da Virgem Maria e a deixá-las fazer diferença em suas vidas, como fizeram na minha. Vocês se tornarão mais calmos, compreensivos, tolerantes e amorosos como eu me tornei, e isso é ótimo.

Annie Kirkwood

1

A Paz É um Estilo de Vida

dezembro/1996

PARA AQUELES QUE NÃO ESTÃO FAMILIARIZADOS COM A *revista, há vários anos, por sugestão da Irmandade, começamos a escrever cartas de apreço uns para os outros, no Natal. Nós nos lembramos daquilo que as pessoas fizeram de especial para nos ajudar, do sentido que deram às nossas vidas e dos muitos modos pelos quais as impactaram, fazendo-as saber o quanto as amamos e apreciamos.*

Às vezes, um membro da família não precisa fazer nada para impactar nossas vidas. Por exemplo, temos um filho, Mark, com Síndrome de Down. Tudo que ele precisa fazer é... ser. Sendo ele mesmo, acrescenta uma profundidade às nossas vidas que, de outro modo, não teríamos. Assim, apreciamos atos e palavras, mas a maioria de nós aprecia nossos parentes simplesmente por serem nossos parentes, e por serem eles mesmos.

Perguntaram-me sobre parentes que permanecem afastados, ou que ainda não pudemos perdoar ou talvez esquecer as mágoas que nos causaram. Às vezes, só é preciso um cartão de Natal impresso. Ou um cartão de Natal no qual escrevemos à mão que nos lembramos de Natais passados. Sempre podemos nos lembrar de um momento feliz durante as Festas. O Natal é uma boa ocasião para abrir portas para a paz entrar. Podemos fazer as pessoas saberem que nossos sentimentos mudaram. Eu estava me lembrando que a Virgem Maria diz que escolhemos nossa família de origem. Aprendi que nossa primeira família, aquela em que nascemos e/ou fomos criados, se adotados, foi escolhida para nos ajudar a elaborar algum resíduo cármico. Por isso, se sua escolha é uma família com problemas, lembre-se de que... a opção é sua. Você achou que era o melhor lugar, a melhor família e o melhor momento para elaborar ou concluir algo do passado. Não é preciso lembrar a vida passada; tudo que é preciso fazer é sanar as mágoas, os problemas que sua família de origem lhe traz. Quando eu pensava no motivo de ter escolhido determinados parentes, a Virgem Maria disse: "A maior dádiva que uma alma pode oferecer a outra é entrar em sua vida para ser seu castigo." Esta afirmação dá um sentido totalmente novo às pessoas problemáticas em sua vida. Também me deu uma perspectiva totalmente nova dos parentes que abusaram de mim, ou me maltrataram. Eu percebo que a única coisa real é... o amor.

Ao começar a abrir a porta para parentes afastados, lembre-se de que o fato de você ter mudado não significa que eles mudaram. Eu me lembro de quando comecei a mudar por dentro e me senti mais compreensiva e amorosa em relação aos parentes dos quais me afastara. Esperava que eles se sentissem da mesma forma. Mas nem sempre isso funciona assim. Você pode respeitar a posição dos outros e manter sua disposição para um novo relacionamento. Nós não podemos ser tudo para todas as pessoas. Há momentos em que as desapontamos ou desiludimos. Isso é inevitável se elas não se esforçaram para realmente nos conhecer, e conhecer nosso modo de pensar ou sentir. Na maioria das vezes ocorre porque elas têm expectativas a nosso respeito que não correspondem a quem somos. Às vezes precisamos nos afastar dos nossos parentes e/ou amigos para ter paz de espírito. Isso não significa que somos maus ou não amorosos. Significa que nos amamos o suficiente para cuidar de nós mesmos, que respeitamos e atendemos as nossas necessidades. Somos os únicos que podemos fazer isso, os únicos que podemos fazer nossas próprias escolhas. Podemos fazer as pessoas saberem que pensamos nelas, mesmo que nem sempre concordemos com elas. Por isso, se nesta época parentes ou amigos vêm à sua mente, deixe-os saber que está pensando neles. Às vezes, isso é tudo o que é preciso.

Eu aprecio todos vocês. São amigos que também buscam uma conexão íntima com Deus. Muitos me enviaram cartões, pensamentos e orações durante este ano. Em fevereiro, caí e quebrei a perna. Suas orações pela minha cura operaram milagres, e senti o seu apoio. Vocês me deram um ano de amor. Reconheço e aprecio isso.

Mas, acima de tudo, aprecio o nosso Criador por Sua bondade e Seu amor em minha vida. Aprecio minha família e o trabalho que Ele me deu para fazer. Aprecio a Virgem Maria e a Irmandade. Sou verdadeiramente abençoada.

Annie

✧ ✧ ✧

MEUS QUERIDOS FILHOS, É COM GRANDE ALEGRIA QUE VEnho hoje. Eu lembro a vocês a paz que cerca este mundo e simplesmente espera por um lugar dentro dos seus corações. A Paz, o Amor, a Luz e toda a Bondade de Deus já estão aqui, esperando por um lugar para viver em suas mentes e seus corações. Deus só pode trabalhar por intermédio de vocês. Vocês são responsáveis por criar um lugar acolhedor em seus corações. A paz não residirá no coração cheio de ódio, ressentimento, ciúme e egoísmo, mas só naquele que trabalha para o perdão e ama altruística e incondicionalmente. Vocês não precisam ter perdoado tudo; mas quando perdoam, quando amam... a paz aumenta em seu interior, preenche vácuos que nunca tinham notado, alcança lugares que julgavam perdidos e ilumina os cantos mais escuros dos seus corações. É preciso perseverança, compromisso e desejo de ter paz em seus corações, em suas mentes e em suas vidas. Quando essa grande decisão é tomada, vocês descobrem que as coisas que precisam ser eliminadas lhes trazem a dádiva do perdão e oportunidades de viver em paz. Só é preciso uma prece que vem do coração com total aceitação da mente. Não se deixem dominar pelo espírito comercial desta época. Dêem presentes que vêm do coração, diariamente. Celebrem a época de paz todos os dias do ano. Então, certamente a paz virá à Terra.

Nesta época do ano, vejo muitas pessoas preocupando-se umas com as outras. Eu as insto a se preocupar umas com as outras todos os dias do ano. Vejo pessoas fazendo grandes planos para suas famílias, mas nem todas incluem neles todos os seus parentes. Amem suas famílias incondicionalmente. Deixem de lado seus próprios julgamentos pessoais sobre os outros. Não se concentrem em como seus parentes deveriam viver ou se vestir, nas pessoas com quem andam ou em qualquer outro aspecto de suas vidas. Todo o objetivo da vida de vocês é amar incondicionalmente como amam a si mesmos, e como amam a Deus. Incluam todos os parentes em suas orações, em seus bons pensamentos e em seu amor. Mesmo aqueles que no passado os prejudicaram de alguma maneira. Cada parente lhes traz uma grande dádiva — a dádiva da cura, do amor e da paz.

A paz, meus filhinhos, é um estilo de vida, não um destino. Se vocês pensarem que, quando algo ocorrer ou outra pessoa mudar, haverá paz, se decepcionarão. Ela chegará quando vocês decidirem viver em paz. Quando tomarem essa decisão, vocês se conscientizarão de tudo que lhes tira a paz. Mas isso não significa que fracassaram; só significa que foram bem-sucedidos. Vocês não podem viver tranqüilamente, com perturbações no coração ou na mente. Portanto, depois que decidirem viver em paz, fiquem atentos às coisas que podem impedi-los de alcançá-la. Resolvam os problemas de suas vidas, curem as feridas, encontrem modos de negociar a paz em seus corações e suas mentes.

Respeitem, reconheçam e amem todas as pessoas em suas vidas. Família é mais do que parentes consangüíneos, é toda a humanidade. Somente quando muitos começarem a pensar assim, as pessoas aceitarão que todos são importantes para Deus. As pessoas em suas vidas, seus amigos, colaboradores, conhecidos e vizinhos estão aqui para lhes dar inúmeras oportunidades de amar e ter paz. Um fio liga todos na Terra, e esse fio é o amor de Deus. Cada indivíduo tem em seu ser um padrão único e belo. Esse padrão é sua conexão com Deus, com sua própria criatividade e talentos. Esse padrão é o que o diferencia de outro. Não existem duas pessoas iguais. Externamente elas podem parecer iguais, como no caso de gêmeos, trigêmeos ou irmãos, mas internamente cada qual tem um modo diferente de expressar sua criatividade, seus talentos e sua personalidade.

Amem as diferenças; parem de querer que todos sejam como vocês. Todos nós fomos criados à imagem de Deus, e é isso que torna cada ser maravilhoso. Há paz quando vocês conseguem aceitar a unicidade e as diferenças nas pessoas. Há paz quando conseguem aceitar suas próprias diferenças e apreciar seus belos padrões muito particulares. Estar em paz significa amar incondicionalmente. É viver em vigilância. É estar vigilante e consciente das circunstâncias e situações em suas vidas. Vocês podem se afastar paulatinamente de conflitos quando necessário, e ser gentis e firmes no modo como tratam a si mesmos e aos outros. Viver em paz não significa tornar-se um capacho nem permitir ser abusado ou maltratado pelos outros. Significa amar e respeitar a si próprio e aos outros o suficiente para remover obstáculos, ser honesto consigo mesmo o tempo todo e realmente ver toda a situação. Se vocês reagem a uma situação familiar com base no que outra pessoa disse, não estão sendo honestos. Olhem para todas as pessoas, circunstâncias e situações em suas vidas com honestidade e amor.

Vocês podem fazer isso, meus filhos. Se orarem para ter olhos para ver a verdade... ouvidos para ouvir a verdade... e conhecimentos para decidir com base na verdade... poderão viver em paz. Quanto mais uma pessoa se compromete a viver em paz, mais paz é trazida à Terra. É preciso uma multidão em oração, uma legião de amor, e uma pessoa de cada vez para trazer paz à Terra no decurso de suas vidas. Nada é impossível para Deus. Ele continuará a sussurrar amorosamente, até vocês ouvirem Sua voz silenciosa. Ele continuará a guiá-los em tudo. Ele os ensinará a viver em paz quando buscarem a Sua Verdade.

Ajudem-me a orar pelo seu mundo. Ajudem-me a orar por sua família da humanidade e acima de tudo orem por si mesmos. Vocês são mais amados do que pensam. São mais talentosos do que podem imaginar, e têm mais habilidades do que podem perceber. A paz na Terra é possível quando deixam Deus trabalhar por meio de vocês para criar Sua paz em suas vidas. Eu amo vocês.

Maria, Mãe de Jesus

2

Mantenham a Fé

fevereiro/1997

HÁ ALGUM TEMPO, A SERENIDADE É MEU OBJETIVO E *também meu meio de avaliação. Eu uso a "Oração da Serenidade" não só como uma prece, mas também como um meio de avaliar se me afastei da paz, ou se planos para o futuro poderão me levar a situações caóticas. Quando eu costumava ser uma rainha do drama, era difícil saber de antemão se estava enfrentando algo que poderia me perturbar. Hoje, na maior parte do tempo, vivo em paz. Quando fico perturbada, reconheço que saí do meu estado de paz. Esse é um grande passo à frente para mim, porque durante muitos anos só percebia que estava perturbada ao me enraivecer. Agora, quando percebo que não estou em paz... pergunto a mim mesma: "O que posso fazer para recuperar a Paz e a Serenidade?"*

Nós somos como todas as outras pessoas, temos uma experiência humana, e às vezes nos esquecemos de que somos realmente seres espirituais nestes corpos. Às vezes, eu me vejo seguindo velhos padrões e longe da paz. Na semana passada, Byron estava se divertindo. Ele é brincalhão e adora implicar comigo. Eu estava bem quando fui cochilar, mas não quando acordei. Ele brincou comigo, sem saber que algo dentro de mim mudara e eu estava totalmente sem paz. Não manifesto mais a raiva ruidosamente, mas fiquei amuada e continuei assim durante todo o dia seguinte. Pela manhã, já estava perdoando todos associados à minha perturbação. Sabia que era eu quem a havia causado. Mas sentia-me muito bem ficando amuada, e decidi tirar o dia para continuar assim. Aquilo não estava fazendo mal a ninguém, e eu sabia que logo que Byron saísse do seu escritório (que fica a uns 35 metros de nossa casa) e voltasse para casa, faria as pazes com ele. Minha forma de ficar amuada é extremamente quieta, a ponto de ser rude.

Eu tirei o dia para realmente trabalhar com essa idéia de estar e viver em paz. Descobri que estava com mais raiva de mim mesma do que de qualquer outra pessoa. Há um antigo adágio espanhol que diz que, se uma pessoa fica com raiva, tem dois trabalhos, o de se irritar e o de se acalmar de novo. Isso certamente era verdade em relação a mim. Eu tinha me afastado da paz, deliberadamente ou não, e só cabia a mim voltar a ela.

Uma das primeiras coisas de que me lembrei foi do meu compromisso de viver a mensagem da Virgem Maria. Estou aprendendo a amar incondicionalmente o tempo todo. Na maior parte das vezes, saio-me bastante bem. Mas há ocasiões, em geral quando não estou em paz, em que incorro em velhos hábitos de julgar a mim mesma e aos outros, severamente.

Então, lembro-me de como é bom amar incondicionalmente. Acho que isso é verdade porque me livra de ter de tomar decisões sobre as pessoas. Quando você ama incondicionalmente, não é sua responsabilidade qualificar seus entes queridos ou acompanhar o que estão fazendo. Na linguagem da recuperação isso é chamado de fazer o balanço de outra pessoa. Quando você ama incondicionalmente, só é responsável por fazer o seu próprio balanço ou trabalho interior. Isso me deixa livre para viver em paz, desde que possa perdoar. O perdão é o modo melhor e mais fácil de voltar ao estado de paz. Eu me perdoei por ter ficado com raiva, perdoei Byron por ter se ressentido da minha perturbação e perdoei todas as outras pessoas envolvidas, por menor que tivesse sido a sua participação.

Nós podemos viver em paz todos os dias. Isso exige esforço da nossa parte para que nos conscientizemos do momento em que nos afastamos da paz e desejemos voltar a ela. Mas, acima de tudo, exige amor... incondicional, ausência de julgamento e dedicação contínua. Eu me lembro de quando costumava ocultar o meu amor para punir um ente querido. Não é surpreendente as coisas que fazemos para os nossos entes queridos em nome do amor? Mas agora sei que o amor incondicional flui livremente; nunca é contido, por nenhum motivo. Isso não significa que não sinto raiva ou irritação. Significa que não me esqueço do meu primeiro objetivo de amar sem julgar, de viver plena de paz interior todos os dias, e perdoar a mim mesma e aos outros assim que reconheço a necessidade do perdão. Acreditem-me, isso fica mais fácil com a prática.

Esse estilo de vida realmente nos deixa livres para apreciar a vida, viver confortavelmente e nos divertir, e me fez usar meu senso de humor de modos positivos. Eu costumava usá-lo para rebaixar, depreciar e ser a primeira a apontar os meus próprios erros. Mas agora descobri que podemos ter senso de humor, sem rebaixar ou apontar o dedo para erros. Agradeço ao meu companheiro e parceiro por me ensinar essa lição tão importante. Byron tem um ótimo senso de humor, e por isso nosso casamento e nossa vida conjugal são divertidos e agradáveis. Eu agradeço a Deus por ele.

Portanto, relaxem e lembrem-se de que vocês sempre podem voltar à paz quando se sentirem desconfortáveis ou aborrecidos. Espero que esses pequenos pensamentos os ajudem de algum modo. Se não, saibam que vocês me ajudaram ao me ouvir, e lhes sou muito grata por isso.

Da nossa bela "região verde", hoje branca, envio-lhes o meu amor e bons pensamentos. Até a próxima vez. Sua amiga de sempre,

Annie

✧ ✧ ✧

MEUS QUERIDOS FILHOS, TENHO O PRAZER DE TRAZER UMA mensagem de bondade. Deixem seus corações se encherem de esperança e fé, porque nem uma vez sequer estiveram separados de seu Pai, que criou este e todos os mundos. Deixem todo o seu ser se encher de esperança de que tudo em suas vidas será melhor. O que acontece em suas vidas hoje é justo, bom e amoroso. Eu entendo que nem todas as bênçãos parecem ser graças. Muitas vezes parecem ser problemas ou dificuldades. Mas, por hoje, veremos que aquilo que parece ser um problema na verdade pode ser a maior lição e bênção que vocês já receberam.

Mantenham a fé e lembrem-se de que ela é a substância que cria o bem almejado. A fé é importante porque sem ela vocês não têm com o que criar. Quando afirmo que a fé é a substância, quero dizer que é a base sobre a qual o Espírito de Deus cria o bem em suas vidas.

Então, como manter sua© fé? Como aumentá-la? Usando-a é a resposta. Assim, como os músculos de seus corpos, ela se deteriorá se não for usada. Portanto, é dela que o mundo atual precisa. A fé que constrói e cria o bem que vocês buscam. A fé que diz, apesar das aparências em contrário: acredito que Deus me proverá de tudo de que necessito.

Só é preciso uma pequena quantidade de fé verdadeira para construir mundos e universos. Portanto, não se aflijam com a aparência de dificuldade, erro ou maldade. Essa não é a visão verdadeira, mas a visão do medo. O medo despedaça e destrói a fé. É importante vocês manterem a fé o mais livre do medo que puderem. Façam isso lembrando-se de que agora acreditam no Amor eterno de Deus.

Eu transmiti, repetidamente, mensagens sobre o Amor de Deus, e lhes disse o quanto são amados sem julgamentos e sem preconceitos. Esta é a Verdade. Meus filhinhos, Deus os ama e continuará a amá-los. Tenham fé nisso. Tenham isso em mente quando temerem o futuro. Nada no amanhã deve ser temido, nem tragédias previstas, nem minhas próprias previsões para o futuro.

Vocês têm vida eterna, portanto não é preciso temer coisa alguma. Sempre podem permanecer no amor e na proteção de Deus. Deus os ama; Ele os ama tanto que não deseja que ninguém fique fora de Seu amor. Mas também os criou com liberdade de escolha. Ele lhes deu Suas habilidades. Imbuiu-os de Sua grande capacidade de construir, criar e formar. Quando vocês aprendem a construir a partir da fé, estão usando a criatividade de Deus, o Seu barro, trabalhando em Seu estúdio e laboratório. Portanto, a fé é a crença em que Deus está com vocês o tempo todo. É a crença em Sua Bondade e Santidade.

Mantenham a fé, meus filhinhos. Deixem a noção de que são amados, protegidos e guiados ajudá-los a superar os medos que os assolam como uma tempestade. Deixem a noção de que estão sempre conectados à Santidade de Deus libertar a sua mente, para verem possibilidades em vez de problemas. Deixem o próprio Espírito de Deus permeá-los e impregná-los das Essências Totais. Então, vocês perderão o medo do futuro e evitarão a desesperança que pode acometer quem perde a fé.

Até eu voltar com uma nova mensagem, por favor, meus filhinhos, mantenham a fé. Conservem a esperança em seus corações e acreditem sinceramente no amor de Deus. A fé em um Criador amoroso permite-lhes acreditar em si mesmos e em suas habilidades, porque Deus é o Criador de tudo que há em suas vidas, quando vocês se voltam para Ele. Orem diariamente por fé, e para que seus entes queridos a preservem.

Deus é inteiro, o que significa que nada Lhe falta. Ele é completo e total. Tudo que vocês precisam, encontram em nosso Pai. Para manter a fé, só têm de esperar que as coisas em suas vidas se desenrolem de modos amorosos e melhores.

O futuro é maravilhoso, quando podem ver que todas as coisas que lhes acontecem são lições e formas de Deus ter um relacionamento melhor com vocês.

Acreditem que, quaisquer que sejam as aparências, o resultado é e será bom. Acreditem que estão realmente conectados a um Pai amoroso que só espera pelo seu chamado. Ele lhes permite escolher e decidir. Leva-os à totalidade, dando um passo de cada vez. Deixem que esses pensamentos encham seus corações de alegria e profundo prazer. Eu amo vocês mais do que imaginam.

Maria, Mãe de Jesus

3

A Fé Cria o Futuro

abril/1997

RECENTEMENTE, RECEBI UMA CARTA DE AMIGOS NA *Inglaterra pedindo-me para partilhar minhas opiniões e meus sentimentos a respeito do prolongado período de graça. Eles me disseram que dois "grandes trabalhadores da luz", na Inglaterra, tinham ficado desiludidos quando "O Plano" mudou e desde então decidiram não receber mais informações, afastando-se de outros em seu círculo. Esse pedido é bastante oportuno, porque acabei de dar uma palestra na The Universal Lightworkers Conference, em Houston, sobre as responsabilidades de um trabalhador da luz. Eu oro com os meus amigos para que tudo que os preocupa seja resolvido. Deus sempre trabalha para o nosso bem, e quando o nosso futuro tarda, isso é bom, e quando chega conforme o previsto... também é bom.*

A respeito do atraso nas previsões da Virgem Maria, sinto-me grata e um pouco admirada com o fato de que adiamos o futuro previsto. Em Mensagens de Maria para o mundo *(Editora Nova Era), Nossa Senhora disse que todo o motivo de fazer essas previsões era causar mudanças interiores, que levariam a mudanças exteriores. Estou parafraseando a passagem no livro. Nós estamos nos saindo bem! Estamos orando mais; muitas pessoas têm trabalhado em suas vidas interiores, tirando de seus corações e de suas mentes o que as afasta da paz. Eu oro para que nós (pessoas de todo o mundo) continuemos a fazer o que nos levará ao tempo de paz, com o mínimo possível de catástrofes. Uma das coisas mais difíceis a respeito de partilhar uma profecia é que algumas pessoas acham que, se ela não se realiza, você falhou. A Virgem Maria me fez saber, logo de início, que as previsões eram Suas, não minhas. Eu não sou responsável por elas. Sou simplesmente uma mensageira, não profeta, por isso talvez tenha sido mais fácil para mim me distinguir das previsões.*

Quando é feita uma profecia sobre o futuro, ele começa imediatamente a mudar. Foi-nos dito que a consciência muda o futuro. Quando vocês ouviram falar pela primeira vez nas previsões, não disseram imediatamente: "Ah, não! Não pode ser", ou algo no gênero? Isso é uma oração imediata e, como permanece na consciência, torna-se mais concentrada. É natural não desejarmos desastres em nosso futuro, como também o é orarmos para uma mudança nesse tipo de futuro.

Em maio de 1996, a Virgem Maria disse, na mensagem para a revista de junho, que estamos em um período de graça de dez anos, que pode ser aumentado para 15. Ela também disse que o ano de 2012 será monumental. Então, estamos nos saindo bem; adiamos os piores desastres para, pelo menos, depois desse período. A Virgem Maria disse que o tempo continuaria estranho, e ainda teríamos desastres naturais. Para mim, isso significa que as coisas realmente ruins foram adiadas e minimizadas. Portanto, congratulem-se; estamos nos saindo bem, e renovaremos nosso compromisso de continuar a orar, trabalhar em nosso eu interior e amar sem julgamentos.

Isso me leva às responsabilidades de um trabalhador da luz, termo usado em alguns círculos para descrever quem realiza seu trabalho espiritual. Eu acredito que todos nós somos trabalhadores da luz, não importa se escolhemos realizar nosso trabalho espiritual através de uma ou outra religião, ou de nenhuma. A única luz de que dispomos para trabalhar é a nossa própria. Todos nós temos a mesma responsabilidade de fazer o que a Virgem Maria nos pediu, não importa se nos chamamos ou não por esse termo. Devemos manter a nossa luz interior acesa, dissipando resquícios de raiva não resolvida, ciúme, ressentimentos, medos e fobias antigas.

Nós somos lembrados do que Jesus disse: "Eu sou a luz do mundo, vós sois a luz do mundo." Ele também disse para não escondermos nossos talentos. Acho que os talentos podem facilmente ser toda raiva não resolvida, e os medos que nos impedem de ter paz e amar a nós mesmos e aos outros, sem julgamentos. Não é fazer preleções, escrever um livro ou ser conhecido como um trabalhador da luz; é realizar o trabalho interior de manter a própria luz acesa e brilhando o tempo todo. Nós somos como o faroleiro. Ele mantém as coisas limpas e as provisões à mão, e está pronto para acender a luz quando a noite se torna nevoenta e o caminho não parece navegável. Seus esforços mantêm os navios e barcos em seu curso. O faroleiro não vê seu curso nem controla seu destino. Só mantém a luz acesa, sabendo que esse é o seu trabalho. Nós temos a mesma responsabilidade de manter nossa luz interior acesa com orações, dissipando a raiva e enfrentando medos antigos. Mais importante ainda, reafirmamos nossa responsabilidade quando perdoamos e temos uma atitude amorosa. É o perdão que nos ajuda a viver em paz, a ser capazes de amar incondicionalmente o tempo todo. Por isso, hoje vamos nos dar um crédito bem merecido. Sabemos que, como pessoas, nos saímos bem quando começamos a viver em paz. Lembrem-se do que a Virgem Maria me disse sobre o meu filho, David: "Cuidaremos do interior, e, quando este estiver bem, o exterior cuidará de si mesmo." Vamos cuidar de nossa vida interior e orar para que a exterior cuide de si mesma, de modo a ser vista como miraculosa.

Obrigada por me deixarem partilhar alguns pensamentos. Até a próxima. Sua amiga de sempre,

Annie

✧ ✧ ✧

MEUS QUERIDOS FILHOS, HOJE VENHO FALAR DE FÉ E COMpreensão. Muitos de vocês se sentem constrangidos pelo futuro. Preocupam-se com o que será e com muitas outras coisas como comida, abrigo ou dinheiro. Trago a dádiva da fé renovada. Permitam-se ser renovados diariamente por meio de suas orações e meditações. Deixem que suas mentes se encham de alegria, porque a fé traz conforto, paz e paciência. A fé tem muitos bons subprodutos, que não são só dádivas como também energizantes para o espírito, a mente, o coração e a alma.

A fé é a substância que cria o futuro. Dizer que você não tem fé é dizer que não tem vida. A fé é parte de seu ser, e precisa ser nutrida e tratada com carinho. Como muitos crêem que as leis da natureza continuarão a atuar como sempre? Quando fecham os olhos à noite para dormir, acreditam firmemente que o sol e a manhã se seguirão. Isso é fé. Vocês acreditam em sua capacidade de continuar a pensar; nunca duvidam de sua capacidade de amar. Contudo, quando se trata do que consideram idéias espirituais, duvidam de sua fé e de que estão conectados com Deus. Muitos duvidam de que terão dinheiro para continuar a viver. Um pequeno revés financeiro, e se desesperam. Acham que Deus os abandonou. Esquecem-se de buscar a lição e a dádiva que essas circunstâncias oferecem.

Meus queridos filhos, vocês têm fé, fé suficiente para fazer planos para o futuro e para levantar todas as manhãs e ver o que o dia trará. Fé para se deitar todas as noites esperando a manhã chegar. Quando se alimentam, acreditam que seus corpos serão nutridos sem suas instruções. Quando semeiam a terra, têm fé em que as sementes produzirão plantas do mesmo tipo. Quando chove, têm fé em que o sol voltará a brilhar. Vocês têm fé suficiente para viver, e viver plenamente.

Muitos de vocês têm problemas de saúde. Tenham fé em que, assim como seus corpos podem ser nutridos com alimentos, terão a capacidade de se curar. Se vocês precisarem de cuidados médicos, tenham fé em sua orientação interior e no médico que os ajudará a se curarem. Se tiverem problemas de relacionamento ou familiares, tenham fé em que sua boa vontade para com seus entes queridos os levará a encontrar modos de promover a paz. Acreditem em seu amor e em sua capacidade de amar. Em vez de reclamarem de Deus, da natureza, do universo, de seus ensinamentos ou líderes religiosos, de sua família... parem e lembrem-se de que já têm fé em si mesmos, na força vital que recebem todos os dias e nas leis da natureza. Isso é um começo... reconhecer a fé que já existe. Nunca digam novamente: "Eu não tenho fé." Se vocês dormem todas as noites esperando acordar de manhã, têm fé. Isso é suficiente para mover montanhas, curar corpos e viver em paz. Lembrem-se do que Jesus disse sobre a fé, comparando-a com um grão de mostarda. Vocês já a têm, mesmo que seja pequena como a de um grão de mostarda. Quando reconhecem a fé que os faz esperar por um novo dia ... isso é suficiente.

Quando vocês reconhecem que já têm fé, encontram a compreensão. A compreensão traz sabedoria e idéias novas. Desesperar-se porque as coisas não estão indo como vocês gostariam, ou porque houve uma diminuição do amor, de bons resultados em relacionamentos, famílias, negócios, finanças, saúde ou consciência espiritual... é fechar os olhos e não ver as possibilidades que estão à sua frente. A fé abre a mente para uma melhor compreensão. A compreensão abre os olhos, permitindo ver sob uma nova luz, com uma nova perspectiva e de um modo diferente. Quantas vezes vocês disseram: "Eu estou vendo! Por que nunca vi isso antes?" Isto é compreensão.

Quando as camadas de desespero são retiradas dos seus olhos, suas mentes se abrem para novas possibilidades.

A abertura para a arena de todas as possibilidades e de todo o potencial é a abertura mental para a arena do trabalho de Deus. Como o Pai dentro de vocês é repleto de possibilidades e potencial, seu potencial para novas idéias é liberado, e com isso circunstâncias, situações, pessoas e lugares entram em sua vida para completá-la e atender às suas preces de modos miraculosos. Mas primeiro é preciso haver o reconhecimento da fé. Esse reconhecimento ocorre quando vocês se conscientizam dos muitos modos pelos quais já a praticam.

A compreensão os torna prontos para aceitar novas idéias, novas pessoas e novas circunstâncias em suas vidas. Portanto, muitas vezes as pessoas oram para que o bem chegue às suas vidas, e então fecham os olhos, negando sua fé. Elas não se agarram à pouca fé que têm; em vez disso, negam tê-la. Agora que vocês sabem que realmente têm fé, nutram-na afirmando para si mesmos que ela pode mover montanhas. Deixem os resultados de seus pedidos entrarem na grande arena de todas as possibilidades e todo o potencial amoroso de Deus. Deixem os resultados se apresentarem do modo e no tempo de Deus. Afirmem que têm fé para mover montanhas, e compreensão para ver o caminho que lhes é indicado. Então estejam prontos para agir com fé e compreender totalmente o que precisam fazer a seguir. Estejam preparados para fazer qualquer coisa, mesmo que já a tenham feito antes. Agora a farão com total compreensão e fé renovada. Renovem sua fé diariamente através de afirmações, compreendendo que Deus não muda por meio delas... mas vocês mudam. Orem diariamente, para estar prontos para seguir as orientações de Deus, a fim de viver como escolheram viver. Agora, se vocês não fizeram escolhas, é hora de fazê-las. Compreendendo que Deus é repleto de possibilidades e potencial, vocês vêem que Ele espera que façam suas escolhas quando se tornarem conscientes espiritualmente. Cabe-lhes decidir como viver as suas vidas. Vocês buscam verdade, sabedoria, amor, cura, sucesso, renovação espiritual, paz ou objetivo? Então, peçam por isso. Mas uma parte importante da fé é a entrega. É a sua fé que os torna capazes de entregar seus pedidos e rogos a Deus. É a sua compreensão que os mantém firmes na crença em que Deus é bom e só dá o que é bom para a Sua criação. Lembrem-se de que isso acontecerá no tempo de Deus, que é diferente do tempo da Terra. Suas orações serão atendidas, e vocês verão as respostas claramente. Não perderão o milagre, a maravilha e a grandeza de trabalhar com Deus. Vocês se lançarão para a vida com um vigor renovado e um amor mais profundo por toda a criação divina. Obrigada por ouvirem as minhas palavras. Eu amo vocês, enquanto continuam a crescer em fé e compreensão.

Maria, Mãe de Jesus

4

Vocês Podem Fazer a Diferença

junho/1997

RECENTEMENTE, ACONTECERAM ALGUMAS COISAS QUE *estão servindo para me lembrar de que julgar não é um modo de amar incondicionalmente. Por exemplo, muitas vezes as pessoas têm idéias preconcebidas sobre quem sou, como deveria ser, como deveria agir e o que me motiva. E, com mais freqüência do que eu gostaria, algumas delas me colocam em um pedestal. Você sabe o que acontece quando está em um lugar alto e pequeno... pode cair! Eu logo caio e me espatifo, em geral à custa de uma amizade que está surgindo. Mas não acho a menor graça quando as pessoas que considerava amigas julgam-me com base em uma idéia preconcebida de que eu deveria agir como uma santa. Isso não me aborrece mais, mas me dá a oportunidade de falar a minha verdade.*

O fato de eu receber mensagens da Virgem Maria não me confere poderes ou atributos espirituais. Não me transformei em uma santa nem tenho em meu rosto o olhar "sofrido de

Cristo". Erro, desaponto as pessoas, zango-me, sou um ser humano com todas as emoções e fraquezas. O recebimento das mensagens é muito especial, e nada disso o torna menos importante. Sou verdadeiramente abençoada por essas comunicações, mas elas não me transformaram magicamente em um grande ser espiritual. Tenho realizado a minha cura, a meu próprio modo. Não sou Maria, e tampouco Sua representante. Outra coisa que acontece com mais freqüência do que eu gostaria é as pessoas me chamarem de Maria. Meu nome é Annie. Eu não A represento e não estou imbuída do Seu espírito. Tampouco somos o mesmo ser, como afirmaram algumas pessoas mal orientadas.

Tenho bastante consciência das minhas falhas e sei que ainda estou me esforçando para amar a todos, incondicionalmente, o tempo todo, mesmo a quem não aprecio particularmente. Por favor, não confundam a mensagem comigo. Costumo dizer que sou apenas a pessoa da FedEx ou da UPS que trabalha para a Virgem Maria. Alguns podem achar isso um sacrilégio, mas é a melhor maneira pela qual posso descrever o meu papel. Eu não exemplifico e não sou a mensagem. Tento, assim como vocês, colocá-la em prática para fazer diferença em minha vida. A Virgem Maria me pediu para encorajá-los a trabalhar em sua conexão com Deus, a seu próprio modo. Portanto, quando digo que estou aprendendo algo, não quero dizer que "aprendi", mas que estou me esforçando para isso. Juntos podemos incentivar uns aos outros, fazer diferença em nossas próprias vidas e nas vidas de nossos entes queridos. Então, juntos poderemos fazer uma diferença na consciência da humanidade.

Quando incorremos nos velhos hábitos de julgar a nós mesmos ou aos outros, não amamos incondicionalmente. Ao julgarmos, em geral não vemos o bem em nós ou nas outras pessoas. Concentramo-nos nos erros, nas falhas, nos fracassos e nos momentos em que nossas atitudes, ou as atitudes dos outros, não foram amorosas. A Virgem Maria diz que Deus ama incondicionalmente, e que, para ficarmos em paz devemos amar uns aos outros como a nós mesmos. Para mim, isso significa monitorar o modo como vejo as outras pessoas. O julgamento era uma parte integrante da dinâmica da minha família de origem, e tem sido difícil evitar esse hábito. Há momentos em que Byron diz: "Isso é julgar", quando acho que estou fazendo uma observação. Uma coisa é observar e outra é culpar. Culpar é o que faço quando julgo. Quantas vezes dizemos: "Como ele/ela pôde fazer isso", afirmando que a pessoa está "errada", é "má" ou "tem defeitos". Vocês já ouviram uma frase como esta: "Olhe para ele/ela... é assim que uma pessoa espiritual deveria agir?" Isso é julgamento, e também arrogância espiritual.

Certa vez perguntamos à Virgem Maria como poderíamos dizer quem é espiritual. Ela nos respondeu que não há como saber, enquanto estamos na Terra, quem é verdadeiramente espiritual. Disse que a pessoa mais espiritual em nossa cidade (que era Dallas) poderia viver no pior bairro e ser considerado o maior bêbado do lugar. Em outra ocasião, quando eu estava tendo dificuldade em perdoar, Ela disse: "A maior dádiva que uma alma pode oferecer à outra é entrar em sua vida para ser seu castigo." Isso oferece uma perspectiva totalmente nova das pessoas difíceis em nossas vidas.

Todos nós estamos nesta experiência de vida juntos, e experimentamos a imperfeição. A todo momento, são cometidos erros. Nosso objetivo é amar incondicionalmente, como nosso Pai Divino/Deus nos ama — sem limites, sem julgamentos, inteiramente. Nós somos mais amados do que podemos entender e imaginar. É a nossa felicidade e o nosso bem que ocultamos quando julgamos severamente. Meu compromisso comigo mesma e com meu Criador é fazer o melhor que puder para aprender a amar como Ele. Amo dizendo: "Eu amo você", sem ocultar parte alguma de mim mesma. Minha parte humana pode ser atormentada por críticas e julgamentos, mas isso também passa. O que nunca morre é o amor que partilhamos.

Obrigada por me deixarem afirmar a minha verdade, e por seu contínuo apoio. Eu aprecio e amo todos vocês. Sua amiga de sempre,

Annie

✧ ✧ ✧

MEUS QUERIDOS FILHOS, É COM PRAZER E AMOR QUE ME dirijo a vocês. Ouço seus pedidos aflitos de ajuda. Muitos estão confusos sobre por que Deus causa ou permite a ocorrência de coisas ruins. Deus ama. Em Seu grande amor, deu-lhes livre-arbítrio. Se vocês não fizerem suas próprias escolhas, as escolhas de outras pessoas determinarão a ocorrência de circunstâncias e situações que poderiam afetá-los. Deus ama, sem julgamentos, sem reservas. Seu amor flui livremente para todos, para quem tem ou não uma vida espiritual. Deus ama vocês, não importa quais sejam as circunstâncias ou condições de suas vidas.

Deus os ama mais do que podem saber, entender e imaginar. Seu amor é pura energia — puro amor, que só tem o bem impregnado em cada átomo. O amor de Deus é Ele mesmo, vindo para vocês dos modos mais agradáveis, confortáveis e energizantes. Portanto, quando vocês virem fome, doença, crueldade, abuso ou violência, entendam que essas condições não são criadas por Deus... mas pela humanidade. A humanidade acabará com elas por meio dos esforços de cada indivíduo, trabalhando um a um para recriar o Céu na Terra através do amor.

Gritem, meus filhos, se assim o desejarem. Enraiveçam-se; reconheçam a injustiça dessas condições e de muitas outras indesejáveis. Mas entendam que a causa delas não é Deus, mas a humanidade. A humanidade pode corrigi-las. Essas condições serão corrigidas com amor. Julgar os outros severamente é perpetuá-las. Quando vocês falam mal dos outros, a injustiça continua a ser alimentada. Tornar-se imune ao sofrimento das outras pessoas e considerá-las inferiores é alimentar as injustiças deste mundo. Quando vocês negam suas próprias emoções e tentam esconder sua mesquinhez ou severidade, contribuem para esse estado de coisas. Quando abusam de si mesmos ou dos outros, cultivam a violência no mundo. Quando estabelecem condições para o seu amor, extinguem a bondade e envenenam as fontes de bondade humana.

As orações lhes dão a capacidade e o poder de corrigir essas condições a fim de que sejam eliminadas para sempre. Vocês têm em suas mãos os meios para acabar com a fome do mundo, não só dando comida ou dinheiro para comprar comida, como também através de orações e atos amorosos diários. Podem acabar para sempre com as doenças, não só através de novos e melhores tratamentos ou remédios, como também por meio de seu amor, orando diariamente e tratando uns aos outros com bondade. Podem pôr fim à crueldade através de suas orações e amando todas as pessoas, não importa como elas agem ou reagem e no que acreditam. Podem acabar com as guerras nas famílias e nações através de suas orações e sua aceitação uns dos outros, entes queridos e estranhos. Podem pôr fim às injustiças no mundo através de suas orações, e parando de julgar a si mesmos ou aos outros severamente.

Tudo isso é possível, porque vocês têm a capacidade de viver em paz. Isso acontecerá quando cada indivíduo começar e continuar a viver em paz interior, orando e com o coração cheio de amor incondicional. Dá alegria ser um pacificador; dá prazer ter uma vida cheia de amor. Será uma honra oferecer às gerações futuras um mundo livre de crueldade, violência, doenças e fome. Vocês podem fazer uma diferença, meus filhos. Têm em suas mãos os meios, as habilidades, o método e o conhecimento para fazer uma enorme diferença no mundo. Só vocês podem realizar o destino de paz da humanidade. Vocês são necessários; não pensem nem por um minuto que não podem fazer uma diferença. Suas orações são poderosas quando se baseiam em uma vida plena de amor. Lembrem-se de que o que faz a diferença é uma vida guiada, dotada e imbuída de amor incondicional.

Meus filhinhos, só lhes peço o que são totalmente capazes de dar. Vocês podem viver em paz. Podem amar sem julgamentos e sem preconceitos. Isso exige dedicação, compromisso e esforço. Exige que se dediquem à oração. Orem diariamente, e peço que cada um de vocês ore no mínimo uma hora por dia. Meditem e ouçam a voz interior de Deus diariamente. Dêem-se tempo para ficar em silêncio. Somente no verdadeiro silêncio da alma vocês se comunicarão inteiramente com o Pai, que está dentro de vocês. Ouçam com seus ouvidos interiores o murmurar de suas almas glorificando-se na comunicação Divina com sua Fonte de Vida, Amor e todo o Bem.

Lembrem-se sempre de que orar é falar com Deus. Falem com Ele como falariam com um pai amado ou com um amigo de confiança. Falem honestamente, porque só Deus pode ver dentro dos seus corações. Ele vê sua motivação, seu compromisso, sua intenção e honestidade. Vê seus anseios interiores quando reagem às situações em suas vidas. Observa seu sofrimento, suas preocupações, sua raiva, seus medos, suas esperanças e seus sonhos. Nada escapa à visão de Deus. Por que vocês deveriam insistir em que não podem ser honestos com Ele? É inútil ser desonesto com Deus. Abandonem a ilusão da negação e dêem uma boa olhada em suas vidas, em suas motivações e em como vivem agora. Falem com Deus à sua própria maneira, seja por meio de orações ensinadas por suas religiões ou simples conversas consigo mesmos. Por favor, não se tornem impassíveis porque não conseguem decidir o modo certo de orar. Deus só quer saber de vocês, em suas próprias palavras ou através de orações e rituais aprendidos. Ele é como um pai amoroso, que espera pacientemente notícias dos filhos.

Deus os ama e trata cada um de vocês como se fosse Sua obra mais preciosa. É assim que trata a todos. Entendam que todos nós somos a obra mais preciosa de Deus, um só

Nele. Vivemos porque Deus vive. Ele ama completa e totalmente, e os ama agora. Deixem que Seu amor encha de alegria seus corações, suas vidas e seus dias. Comecem cada dia com o gentil lembrete de que Deus os ama. Não importa o que aconteça, as circunstâncias e situações em suas vidas... Ele os ama. Vê todo o potencial de vocês, Sua criação completa. Conhece-os pelo avesso e orgulha-se de vocês tanto quando acham que estão triunfando e sendo muito espirituais ou religiosos, como quando se sentem perdidos e desesperançados.

Amem-se, orem uns pelos outros. Confortem-se e busquem a verdade de suas vidas. Deixem que seus corações sejam curados de toda malícia e de todos os ressentimentos e medos. Suas orações somadas às orações dos outros podem operar milagres. O mundo pode ter um milênio de paz e alegria, em vez de sofrimento profundo.

Eu amo vocês, meus filhos, e oro por sua boa saúde e paz interior. Estou com vocês na oração e no amor.

Maria, Mãe de Jesus

5

A Verdadeira Dádiva

agosto/1997

QUANDO EU ME PREPARAVA PARA O NOSSO DIA DE PORTAS *abertas, comecei a me preocupar com isso. Pensava na logística de acomodar pessoas em nossa casa. Sentia-me responsável pelas pessoas que viriam e pelo seu sentimento em relação a essa experiência. Então, a Virgem Maria sussurrou ao meu ouvido: "Elas não virão por você, Annie." Isso fez com que eu me sentisse melhor, tirando de mim toda a responsabilidade e preocupação. Novamente, eu me dei conta de que esse não é o meu trabalho. É o Trabalho de Deus e de Maria. Simplesmente, tenho uma pequena participação nele. Tenho ouvido estas palavras: "Estou reunindo os meus filhos." Não sei o que significam.*

Mais uma vez, lembro-me de que isso não tem a ver comigo, mas com a vontade de seguir a sugestão do Espírito, pôr de lado todas as minhas preocupações e deixar Deus trabalhar através de mim. Não estou encarregada da reunião.

Ela está nas mãos da Virgem Maria. É Nossa Senhora quem decide o resultado. Seja o que for que aconteça, ou não aconteça, será bom. Quando nos reunimos para orar e meditar, participamos de uma experiência muito poderosa, porque nos reunimos no amor. Amamos a Virgem Maria, a Deus, a nós mesmos e ao próximo. Reunir-se no amor é um ato poderoso, e também terapêutico.

Muitas vezes, a Virgem Maria me disse que o único modo de trazer a paz para o mundo é viver em paz e incentivar os outros a fazer o mesmo. Ela observou: "A paz virá à Terra através dos corações dos homens." Falava sobre a paz interior, referindo-se à humanidade, que inclui todos, homens e mulheres. Nem sempre é fácil ter paz interior. Para mim isso significa, quando estou aborrecida, recuperar voluntária e rapidamente a paz de espírito. Também significa que, quando estou agitada, não posso mais me dar ao luxo de permanecer assim. Vejo que é imperativo fazer rapidamente o melhor que puder para recuperar a paz interior. Alguns de nós têm parentes com quem, por um ou outro motivo, é difícil lidar e ao mesmo tempo manter a paz interior intacta. Por isso, às vezes temos de nos afastar deles. Essa é uma decisão difícil de tomar e manter. Mesmo se não conseguimos tolerar qualquer contato com eles, ou só conseguimos tolerá-los por um breve período, podemos continuar a amá-los, orar por eles e lhes desejar o maior bem.

Muitas vezes olho para a situação que me aborreceu e descubro, a contragosto, que eu é que preciso mudar ou me adaptar. E há ocasiões em que descubro que tudo que a situação exige é que eu expresse as minhas necessidades. Um dos meus defeitos é ter dificuldade em expressá-las.

Em vez disso, expresso o meu descontentamento irritando-me ou falando laconicamente, de um modo que todos percebam que estou aborrecida. Com freqüência, não consigo dizer o que está me incomodando. Às vezes não sei, e em outras ocasiões não quero enfrentar o que me incomoda. Quando me irrito e não sei o motivo, tento seriamente descobrir por que não me sinto bem. A irritação não leva à paz de espírito; na verdade, pode levar a mais confusão, ressentimentos e outras emoções negativas.

Portanto, acho que viver em paz é tomar o rumo dela e me assegurar de que minha intenção básica é amar incondicionalmente. Quando não estou em paz, sei que preciso fazer alguma coisa, mudar ou me adaptar, para recuperar meu rumo. Sei imediatamente quando me desviei dele, porque é horrível perder a paz de espírito. Quando você tem paz durante algum tempo, dispõe-se a fazer o que for preciso para recuperá-la.

Outra coisa sobre a paz é que, para recuperá-la, é preciso entregar a Deus a situação, a pessoa ou algo que se encontra naquela situação. Acho isso difícil, porque exige que eu passe pelo processo de entrega, e a cada vez que passo digo a mim mesma que está ficando mais fácil fazê-lo. Não sei se está, mas gosto de pensar que sim. Sei que estou fazendo o melhor que posso, e isso é tudo que a Virgem Maria diz que podemos fazer. Apenas façam o melhor que puderem para viver em paz, e deixem o amor ser a base de suas vidas. Isso não significa que vocês sempre se sentirão em paz e amorosos, mas que reconhecerão rapidamente quando não estiverem se sentindo assim. Então, retomem seu rumo. Portanto, se vocês se sentirem mal-humorados, irritados e aborrecidos, não se critiquem ou se julguem severamente. Apenas deixem isso passar e retomem o rumo da paz e do amor. Deixem o julgamento parar ao primeiro sinal de crítica.

Eu uso a analogia a seguir para explicar o que faço para viver em paz. Você está dirigindo um carro e solta o volante; o carro se descontrola e pode sair da estrada. Esse não é o momento para se irritar e se aborrecer consigo mesmo, mas para segurar rapidamente o volante, reconduzir o carro para a estrada e corrigir sua direção. É assim que vejo a sensação de estar ou não em paz. Quando não estou em paz, preciso rapidamente me calar e seguir a direção certa. Como ocorre com o carro quando perco a direção, tudo que preciso fazer é seguir o rumo da paz, sem perder tempo me recriminando ou me criticando.

Mais uma vez obrigada por me deixarem partilhar alguns pensamentos.

Annie

✧ ✧ ✧

MEUS QUERIDOS FILHOS, VENHO HOJE COM O CORAÇÃO cheio de amor. Estou satisfeita com aqueles de vocês que mudaram sua vidas para melhor. Orgulho-me de quem tem se esforçado para purgar o coração e a mente de toda raiva não resolvida e todos os medos antigos. Isso ajuda o mundo a mudar para melhor. Todos nós estamos interconectados através do amor de Deus. Aquilo que uma pessoa faz afeta todo o mundo. Como ajudar os outros? O primeiro passo é ajudar a vocês mesmos. Vocês se ajudam deixando de ser raivosos e temerosos, e transformando-se em pessoas que vivem com a intenção de amar, sem julgamentos ou reservas. Então, estão prontos para ajudar os outros.

O melhor modo de ajudar as pessoas é apoiá-las com orações. Orem para que seus entes queridos tenham o bem em suas vidas, porque quando pedem por isso estão pedindo para que uma parte maior da essência de Deus se manifeste na vida deles. Orem por seus amigos e inimigos, ou pelas pessoas que estão de algum modo contra vocês. A oração é a melhor dádiva que vocês podem se oferecer. Quando oram, não decidem o que as pessoas precisam. Não lhes cabe decidir isso. Orem simplesmente pelo bem delas e para que tenham boas experiências em todas as áreas de suas vidas. Então, deixem que Deus e as pessoas decidam como esse bem se manifestará em suas vidas.

Depois que vocês orarem estarão preparados para realizar boas ações, para ajudar quem está pronto para ser ajudado. Certifiquem-se de que estão realmente ajudando as pessoas e não simplesmente permitindo que elas continuem a ignorar seus problemas. Há momentos em que é apropriado dar alimentos a alguém e outros em que seria melhor que ele aprendesse a produzir ou obter seus próprios alimentos. Sejam prudentes ao doar. Certifiquem-se de que a doação será em benefício de quem desejam ajudar e não para fazê-los se sentir bem. Pensem sobre qual é a sua intenção ao doar. É realizar boas ações? Ajudar outro ser humano em um momento de necessidade? Ou garantir um lugar no Céu?

Intenção, motivação e objetivo são componentes importantes da doação. Tão importante quanto o motivo pelo qual vocês doam é como doam. Fazem isso com o coração cheio de amor e sem julgamentos? Com base em seu amor pela vida? Amorosamente? Vêem a pessoa que recebe ajuda como necessitada ou de algum modo deficiente? Se vocês acham que essa pessoa não sabe como ganhar a vida ou confiar em Deus, consideram-na deficiente. Se acham que ela é inferior a vocês intelectualmente, financeiramente, culturalmente ou de qualquer outro modo, sua doação é imperfeita. Falta-lhe a dádiva invisível que provém de um coração amoroso e alegre.

Quando vocês doam com o coração cheio de amor e sem julgamentos, esse ato vem do coração, da alma e do espírito, e portanto é impregnado da energia do amor. Ao decidirem ajudar outra pessoa, certifiquem-se de que esse é o tipo de ajuda de que ela precisa, que deseja e pode aceitar, e que é dada com amor e alegria. Há mais no ato de dar do que a entrega de um pão ou uma quantia em dinheiro. A verdadeira dádiva vem com a oração, o amor e a alegria.

É muito importante que vocês amem a si mesmos sem julgamentos, sem reservas e sem limites, que aprendam a respeitar a si próprios, suas crenças, suas escolhas e suas decisões. É importante que honrem e amem suas famílias, mesmo se elas não forem amorosas com vocês; que acordem todas as manhãs cheios de alegria, prontos para amar e para perdoar qualquer desfeita. Assim, viverão como verdadeiros filhos de Deus.

Meus queridos filhos, isso é algo que vocês podem facilmente fazer. Sua essência é o amor. As pessoas se tornam temerosas ou irritadas quando se esquecem de perdoar, ou não reconhecem os muitos aspectos do amor. Aceitem-se como são e depois aceitem as pessoas que ajudam como elas são. Quando vocês puderem amar a si mesmos, sem julgamentos, estarão preparados para amar os outros como Deus ama.

Muitas vezes, as pessoas acham que não podem ajudar alguém; que não têm dinheiro, tempo, energia ou meios para isso. Mas todos têm tempo para fazer uma oração. Lembrem-se sempre de que esta é a melhor dádiva a oferecer. Todos possuem energia para amar, se têm amor em seus corações o tempo todo. Todos podem reconhecer a existência de outro ser humano com um sorriso, um meneio de cabeça ou um ato de cortesia. Não é preciso muito para ajudar. É preciso boa vontade para amar as pessoas. Elas desejam ser reconhecidas e aceitas como seres humanos sujeitos a fraquezas.

Quando vocês realmente conseguem aceitar as pessoas sem tentar mudá-las, amam como Deus ama. Ele dá a todos a liberdade de escolher e tomar suas próprias decisões. Aceita que vocês se encontram na situação que escolheram, e espera que peçam a Sua ajuda. É assim que vocês devem aceitar seus entes queridos, amigos e todas as pessoas. Lembrem-se de que elas têm o direito de escolher como viver, no que acreditar, quem amar e quando invocar a Deus.

O que fazer quando vocês virem entes queridos afligidos por vícios, ou com comportamentos que privam suas almas de amor, alegria e saúde? Orem, orem e orem. Podem lhes falar amorosamente sobre suas preocupações e oferecer-se para ajudá-los do modo que eles considerarem apropriado. Façam isso uma vez e depois não os censurem com palavras ou expressões em seus rostos. Vocês não podem mudar as pessoas. É inútil pregar-lhes sermões, achando que assim as farão mudar. Vocês podem orar, amá-las incondicionalmente e dispor-se a ajudá-las quando precisarem. Mas no caso de viciados, certifiquem-se de que sua ajuda não os fará permanecer no vício. Se eles tiverem problemas emocionais ou mentais, estejam seguros de que vocês contarão com o auxílio de um médico ou profissional que atue nessa área.

Se vocês descobrirem que as pessoas que amam têm um vazio no coração, lembrem-se de que não podem preenchê-lo. Somente elas podem sanar os problemas que causaram o vazio. À medida que esses problemas vão sendo sanados, o vazio se torna menor. Mais uma vez, orem para que o bem entre nas vidas dessas pessoas, para que elas vejam e conheçam a verdade que as libertará.

Esses são apenas alguns dos muitos modos de amar. Eu os insto a viver tendo como base o amor, um coração cheio de alegria e paz interior. É assim que ajudarão o mundo, a si mesmos e aos seus entes queridos. Eu amo todos vocês e fico feliz quando aprendem a amar sem julgamentos, sem reservas e sem limites. Obrigada por me ouvirem.

Maria, Mãe de Jesus

6

Vivam em Paz

outubro/1997

DIZER QUE NOSSO DIA DE ORAÇÕES A MARIA E PORTAS *abertas foi um sucesso é pouco. Também foi um dia de puro contentamento. Tive grande satisfação e alegria em partilhá-lo com tantas pessoas amorosas. Sexta-feira, 15 de agosto, nós nos reunimos no lago Tenkiller, perto de nossa casa. Vieram pessoas de todo o país, e foi uma bela e surpreendente reunião. Antes do pôr-do-sol, ficamos em devotado silêncio. O sol se mexeu e girou. Houve explosões de cor. Muitos sentiram a presença de Maria, a Mãe Abençoada. Algumas pessoas tiveram a bênção de vê-La, no meu caso como uma Madona em pé. Foi uma experiência admirável e inspiradora. Uma mulher escreveu um poema, que pode ser visto em nossa página na Internet, junto com as fotografias que Byron tirou no lago.*

No sábado e no domingo as pessoas vieram à nossa casa. Partilhamos histórias e insights, conversamos e oramos. Todos se trataram com bondade, amor e respeito.

Na noite de sábado, fizemos uma fogueira ao ar livre, a pedido da Virgem Maria. Alguns sentaram-se perto do fogo e meditaram. Outros sentaram-se um pouco mais longe. Conversamos tranqüilamente uns com os outros. Usamos o fogo para queimar hábitos, pensamentos, atitudes e crenças que não mais desejávamos ter. Na maior parte do tempo, conversamos em voz baixa.

No domingo, realizamos nossa sessão de meditação regular e lemos trechos de Mensagens de Maria para sua família *(Editora Nova Era). Oramos e meditamos. Foi uma sessão muito amorosa e unificadora. Muitos no grupo disseram que parecíamos uma família. Contamos histórias e experiências, e trocamos endereços. Todo o fim de semana pareceu uma reunião familiar ideal. E, pensando bem, foi, porque somos da família humana. Nosso ramo dessa família teve um fim de semana maravilhoso junto com a Virgem Maria.*

Neste momento, meu desafio é aceitar o meu corpo exatamente como é. Anos atrás, decidi tomar uma medicação que sabia que era perigosa e tinha efeitos duradouros. Honestamente, quando me lembro da situação (criava três adolescentes sozinha), sei que se tivesse de fazer tudo de novo, nas mesmas condições, faria. Isso me ajuda a aceitar as conseqüências dessa decisão. Foi a melhor que pude tomar, naquele contexto. Sei que com Deus tudo é possível. Oro para me sentir livre das conseqüências dessa decisão, e ter um corpo forte e saudável. Mas seja qual for a resposta para as minhas orações, oro para aceitar o que está acontecendo agora.

A Virgem Maria disse que aceitação é amor e paz. Muitas vezes, para viver em paz, precisamos aceitar as conseqüências das nossas escolhas. Amo a mim mesma quando aceito as decisões que tomei no passado, e suas conseqüências. A aceitação me leva a um estado mental de paz, que é o meu objetivo.

A vida é composta de uma experiência após a outra. Tive experiências maravilhosas em meus sessenta anos na Terra. Sou grata por todas elas, as boas e as más. Os conceitos de "bom" e "mau" mudaram para mim. Nem sempre penso nesses termos. Tive experiências suficientes para saber que sempre há algo de bom em todas as situações, mesmo nas dolorosas ou constrangedoras.

Eu amo a minha vida, e ainda mais o doador de Toda Vida. Anseio por mais experiências como as que tive naquele surpreendente e amoroso fim de semana — nós abrimos a nossa casa e demos boas-vindas ao resto da nossa família. Anseio por todas as experiências — cada uma delas trará consigo coisas boas, se nos lembrarmos de procurá-las. Até a próxima vez. Sua amiga de sempre,

Annie

✧ ✧ ✧

MEUS QUERIDOS FILHOS, VENHO COM AMOR E PAZ. A PAZ É o seu futuro, não apenas uma possibilidade. O amor e a paz são claramente sua essência. O amor, o conforto, a aceitação e a apreciação que tanto buscam estão dentro de seus corações. É nos recônditos de suas almas que vocês encontram sua verdadeira essência, porque foram criados à imagem e semelhança de Deus. Aquilo que é verdade sobre Deus é verdade sobre vocês.

Sua verdadeira natureza é viver em paz. Essa é a verdade de Deus. Vocês foram criados para viver em paz, ser amorosos, felizes, alegres e saudáveis. Então se perguntam por que tantos nascem com enfermidades. O motivo de uma pessoa ter escolhido vir ao mundo para sofrer com um corpo imperfeito é algo entre ela e Deus. Ele criou seu espírito, sua alma, que não sofre nem é imperfeita. As pessoas foram criadas para viver em paz. Muitos não encontram a paz interior porque buscam e encontram defeitos.

Todas as pessoas podem ser amorosas, mas primeiro precisam aprender a se amar incondicionalmente. Muitas delas não experimentam o amor porque não aprenderam a amar a si mesmas. Por isso, residem fora do círculo do amor interior e não podem experimentar o que falta em seus corações. Todas podem ser felizes e alegres, e o que lhes faz mais mal é não conseguir perdoar a si mesmas ou aos outros. A alma é sadia, mas muitas pessoas escolhem usar problemas de saúde para dissipar a raiva e as aflições antigas. Essa é a escolha delas. Não é uma escolha errada; simplesmente é a escolha delas. A verdade, a verdade de Deus, é que nada lhes falta porque nada falta a Deus. Vocês podem ser amorosos, sadios, felizes e viver em paz.

Como começar a viver em paz? Façam o melhor que puderem para pôr fim a qualquer guerra interior que esteja ocorrendo em seus corpos, suas mentes ou seus corações. Depois, façam o melhor que puderem para pôr fim às guerras familiares. Quando se relacionarem com as outras pessoas, deixem que seus semblantes reflitam sua paz interior e seu amor. Suas expressões faciais podem levar à paz ou à discórdia. Muitas vezes, em uma situação de discórdia, quando o semblante de uma pessoa reflete a paz, a situação começa a tomar o rumo da paz. Vocês são pacificadores. Hoje Eu os conclamo a viver com uma grande e duradoura paz interior. É isso que leva as pessoas à paz, não apenas falar sobre ela, mas vivenciá-la.

Quando vocês vivenciam a paz interior, têm pensamentos, sentimentos e comportamentos pacíficos. As pessoas pacíficas não julgam ou vêem coisas más nos outros. Olham para eles com amor e vêem sua verdadeira natureza, que é bondade, amor, alegria e paz. Quando vocês são pacíficos, dizem a verdade compassivamente e ouvem o que estão dizendo. O amor aguça os seus sentidos e lhes permite ver clara e amorosamente, ouvir com a mente e o coração abertos, sentir com todo o seu ser, perceber aromas que não são deste mundo e saborear as águas vivas de Deus. Combinados, o amor e a paz são terapêuticos e confortadores em todas as circunstâncias.

Façam o melhor que puderem para viver em paz. Rejubilem-se quando conseguirem aceitar a si mesmos e aos outros sem condições ou julgamentos. Maravilhem-se com todas as oportunidades de viver em paz. Deixem que suas ações e atitudes reflitam a paz interior que aumenta dentro de vocês. Façam isso para poder realizar seu objetivo de anunciar uma nova era de paz.

Estejam preparados para todas as eventualidades, aprendendo a viver com o coração cheio de amor e paz interior. Esse estilo de vida permite-lhes conhecer a verdade. Quando as pessoas se apavorarem devido a rumores, vocês conhecerão a verdade e saberão quando agir, o que fazer e como cuidar de si mesmos e delas, porque é isso que deverão fazer. Não deixem que seus corações fiquem cheios de temores antigos, e assim não reagirão aos temores que residem nos corações dos outros. Em todas as situações, busquem a verdade dentro de seus corações.

Para estar preparados para todas as eventualidades, em primeiro lugar aprendam a amar a si mesmos e as outras pessoas sem julgamentos ou reservas. Em segundo, preparem-se fisicamente como são orientados a fazer. Juntem suprimentos, água, comida, combustível, cobertores e as coisas que os ajudarão, os seus entes queridos e as outras pessoas. Aprendam modos de cuidar de si mesmos e dos outros, e sejam inteligentes em sua preparação. Fiquem preparados e não hesitem. Usem seu bom senso, aquele instinto de sobrevivência inerente à espécie humana. Sejam prudentes em sua preparação e façam isso com um coração sossegado e uma intenção amorosa. Diariamente, façam o melhor que puderem para viver com amor e paz interior, acreditando que Deus os orientará em tudo. Assim, poderão enfrentar o que quer que aconteça. Não importará se o futuro trouxer terremotos, tempestades, inundações, doenças, acidentes causados pelo homem, guerras ou até mesmo movimentação de continentes. Nada perturbará sua paz interior, seu coração amoroso ou sua fé em Deus. Preparem-se, porque é sensato fazê-lo.

Ajam e reajam todos os dias com o coração cheio de amor e paz, não de medo. Livrem-se da raiva e de todos os temores antigos. Tirem do coração e da mente tudo que os impede de amar a si mesmos, ter paz interior e confiar na bondade de Deus.

Acreditem que o amor de Deus os guiará em tudo. Então, aprendam diariamente a ouvir seus corações e suas mentes. Mantenham sua comunhão diária com Deus.

Creiam que, quando estiverem em íntima conexão com o Pai interior, ouvirão, entenderão e conseguirão seguir Sua orientação. Confiem em seu conhecimento, porque do coração conhecedor vem a paz, da mente conhecedora vem a direção, e do conhecimento da alma vem a consciência da sua verdadeira natureza.

Meus filhinhos, quando vocês estiverem preparados como pedi, não precisarão antecipar eventos futuros. Ao tentar fazê-lo, vocês se concentram em eventos externos e poderiam começar a se esquecer da preparação mais importante, que é permanecer perto de Deus, através da oração e meditação — para ver Sua bondade no mundo em vez de um futuro calamitoso. Poderiam se concentrar tanto no futuro que se esqueceriam de ver as bênçãos do presente, a alegria de viver e o amor que têm agora. Estejam preparados, sim, mas não a ponto de excluir sua conexão interior com Deus.

Não deixem nada afastá-los de Deus — nem o medo, a raiva, a culpa, a vergonha, nem qualquer outra coisa. Na verdade, nada os afasta de Deus porque Ele vive dentro de todas as pessoas. Deus vive neste mundo; é a Sua força vital que os encoraja. Portanto, na verdade vocês nunca estão afastados Dele. As emoções e questões que consomem suas vidas é que lhes dão essa ilusão de separação. Por isso, ponham fim a elas e encontrem a alegria interior de uma existência amorosa, alegre e pacífica. Este é o meu pedido. É pelo que rezo, e o que lhes desejo. Obrigada por ouvirem o meu pedido. Eu amo todos vocês.

Maria, Mãe de Jesus

7

Paz É Serenidade

dezembro/1997

DÁ PARA ACREDITAR QUE OUTRO ANO ESTÁ CHEGANDO *ao fim? Parece que foi ontem que os pessegueiros floresciam em nosso pomar. Agora, eles perderam a maioria das folhas e apenas umas poucas árvores coloridas exibem sua beleza. É hora de ficarmos atentos, agradecermos e nos prepararmos para as festas.*

Geralmente é nesta época que gostamos de escrever cartas de apreço uns para os outros. Não há ninguém, fora da minha família imediata, que eu aprecie mais do que vocês — nossos amigos e patrocinadores da revista. Vocês escreveram e telefonaram para partilhar histórias, poemas e experiências especiais. Eu li atentamente todas as suas cartas. Assim como seus telefonemas e suas orações, elas me ajudaram muito. Vocês têm sido verdadeiros amigos, vizinhos e patrocinadores. Suas orações, seu interesse e seu amor me abençoaram mais do que imaginam. Agradeço a Deus por vocês. Envio-lhes esta revista com meu amor e bênçãos, e com meus votos de que tenham ótimas festas com suas famílias. Feliz Natal, Feliz Ano Novo e Feliz Hanuká.

Desde setembro, tenho me sentido muito desconectada. Intelectualmente, sei que nunca estou separada de Deus. Ele é o ar que respiro, meus batimentos cardíacos e minha vida, por isso não posso estar desconectada. Mas, em minhas emoções e meu corpo, sinto a desconexão. Às vezes é como se eu estivesse flutuando em um imenso vazio. Um amigo meu do Colorado chama isso de "a noite escura da alma". Sei que é uma boa descrição do que às vezes sinto. Segundo o clichê, é sempre mais escuro antes do amanhecer. Este clichê não faz com que eu me sinta melhor, mas tem me dado o que pensar.

Alguns anos atrás, quando eu me sentia assim e estava bastante preocupada, falei sobre isso com uma amiga e ela me lembrou de que Deus criou a partir do vazio... com Sua palavra. Então, talvez seja isso o que está acontecendo. É hora de recriar minha vida e a mim mesma com minhas palavras. Essa situação pode parecer ruim, até eu afastar o julgamento e olhar para a verdade do vazio. Quando visto como um processo para criar, ou um processo criativo, não pode ser ruim. Mais uma vez, lembro-me de abandonar o julgamento e buscar a bênção em todas as situações e experiências.

Há alguns dias, quando me sentei para começar esta carta, não conseguia pensar no que escrever. Hoje uma amiga/assinante da revista telefonou e disse que experimentava o mesmo vazio. Ela atendeu à minha oração, na qual eu pedia algo sobre o que escrever. Foi-me dito para ser honesta com vocês, mesmo a respeito de qualquer coisa que eu preferisse não revelar. A Virgem Maria disse que, partilhando minhas experiências, eu os encorajo a continuar buscando a verdade. Essa é a minha intenção. Certamente não é reclamar, como foi algumas vezes sugerido por alguns.

Acho que este é um momento para reavaliar e recriar. É realmente importante que eu me lembre de que nunca me afasto de Deus e do Seu amor. Não importa o que sinta, ainda respiro e vivo. Estou tão conectada quando sinto a conexão e experimento fenômenos como quando isso não ocorre. Meu espírito se rejubila com o fato de que os sentimentos exteriores não são a Verdade de Deus, mas a verdade da humanidade. Minha alma exala paz quando eu me lembro de que Deus está comigo, não importa a condição, situação ou experiência pelas quais esteja passando. Lembro-me de que sou mais do que este corpo, e isso é o bastante quando o corpo está muito rebelde. Também me lembro de que sou mais do que meus sentimentos, meus pensamentos, minha história e minhas experiências. Minha vida é uma dádiva que dedico à Fonte de Tudo Que Há. Às vezes, meu espírito está livre para correr pelo Universo, e em outras ocasiões está preso à Terra.

Estou tentando muito me concentrar em traçar um novo plano, recriar-me. Como lembra meu terapeuta, quando preciso reviver uma lembrança dolorosa: "Continue tentando." Quando continuo, a condição ou situação parece dissipar-se como uma névoa matutina. Meu trabalho é continuar a fazer isso por mim mesma. Essa é a verdade! Todos nós temos de fazer o nosso trabalho interior. Ninguém mais pode fazê-lo por nós. Às vezes, gostaríamos de encontrar um guru, ou uma pessoa espiritual que o fizesse, ou oramos para que ele seja concluído, como por um passe de mágica, mas isso não funciona assim. Até mesmo Buda teve de permanecer em contemplação e meditação profundas durante anos para entender "ISSO". Ele encontrou o que estava procurando dentro de si mesmo.

Nos últimos meses, eu me vi cantando canções cujo tema era o "júbilo". Acho que poderia dizer que a experiência do vazio é um momento de júbilo, mesmo se parece terrível e solitário. Eu "posso" fazer novas escolhas, reavaliar e recriar minha vida segundo meus desejos. Todos podem fazê-lo, e isso não é motivo para júbilo? Podemos recomeçar sempre que quisermos, não só quando experimentamos o vazio, mas quando queremos fazer uma mudança. Que dádiva e bênção!

Mais uma vez, eu lhes agradeço por me darem esta oportunidade de partilhar estes pensamentos com vocês. Esta carta me permitiu pôr em palavras o que está em meu coração há dias e me ajuda a concretizar tudo isso em minha mente. Eu amo vocês e sinto-me feliz por vocês fazerem parte da minha vida. Até a próxima.

Annie

✧ ✧ ✧

MEUS QUERIDOS FILHOS, VENHO A VOCÊS EM PAZ E COM O pedido de que fiquem em paz. Peço-lhes que acreditem na paz e vivam pacificamente. Deixem fluir através de vocês o cântico com que tanto tempo atrás fui abençoada, tornando-me mãe de Jesus. Naquela noite, os anjos cantarolaram: "Paz na Terra aos homens de boa vontade." Deixem que isso seja seu cântico, seu objetivo e sua oração.

Creiam de todo o coração na paz, a ponto de ter vidas interiores pacíficas. Permitam que seus eus interiores fiquem em paz com seus corações. Onde houver qualquer obstáculo à paz, afastem-no, resolvam e perdoem. Deixem todos os seus pensamentos e todas as suas motivações se basearem na paz; com seus corações cheios de amor, vocês cooperarão para que ela exista na Terra. Toda a paz de Deus, que sempre existiu, está aqui. Muitos não a encontram em suas vidas e seus corações. É importante que vocês acreditem que a paz está aqui. Quando acreditarem que podem alcançá-la, encontrarão modos de viver em paz. Em seus corações, há muito a perdoar e resolver. Qualquer que seja o obstáculo, compreendam que têm a capacidade de afastá-lo, eliminá-lo e perdoá-lo. Viver em paz está na esfera de suas possibilidades. Vocês foram criados para uma existência pacífica.

Tenham o objetivo de viver em paz interior e levar este sentimento para a arena exterior. Permitam que os eventos cotidianos sejam pacíficos. Havendo conflito, eliminem-no com a consciência de que seu objetivo é a paz. Ela é mais importante do que o seu orgulho. Viver em paz interior é o modo de deixar um mundo melhor para seus filhos e entes queridos. Tentem eliminar os resquícios de medo, raiva e violência de suas vidas. Vocês ensinam mais através de exemplos do que de palavras. Isso é verdade em relação aos seus filhos, e certamente também o é em relação aos seus semelhantes. Onde houver guerra familiar, que vocês levem uma solução pacífica. Onde houver conflito interior, que vocês busquem um entendimento pacífico. Onde houver perturbação interior, que vocês orem para o perdão trazer a paz. Este é o meu pedido, e oro para que cada um de vocês aprenda a viver em paz, ter uma vida interior e exterior realmente pacífica.

Nesta época de celebração do nascimento de Jesus, peço-lhes que se lembrem de amar, como Ele fez. Peço que se lembrem de não julgar, que se calem e ouçam a voz de Deus. Ele lhes fala sobre modos de trazer a paz para as suas vidas. Para muitos de vocês, isso pode significar a cura de um vício ou trauma antigo, esquecer velhos rancores e reconciliar-se com o passado. Para outros, pode significar aceitar a vida como lhes foi dada. Para a maioria das pessoas, é o perdão que traz a paz.

Em primeiro lugar, perdoem a si mesmos. Perdoem o passado, deixem-no permanecer enterrado. Freqüentemente, vocês perdoam o passado e depois o ressuscitam. Sempre que isso ocorre, precisam começar o processo de perdão até o passado ser totalmente esquecido. Perdoem as pessoas por todas as guerras que há neste mundo. Mas as guerras mais tristes são as familiares. Com freqüência, os membros de uma família brigam entre si. Muitos se sentam em igrejas tentando adorar a Deus. Eu lhes digo que enquanto vocês tiverem algo contra um ente querido, não poderão adorar a Deus em espírito e verdade. Aproveitem a oportunidade que esta época lhes dá de resolver antigos problemas familiares.

Perdoem os outros, porque não lhes cabe julgar. O perdão será desnecessário quando as pessoas pararem de se julgar, e é o meio de trazer paz para este mundo. Abandonem seus julgamentos. Não vejam as diferenças entre religiões, pessoas ou culturas. Em vez disso, vejam apenas as semelhanças entre todas as pessoas. Concentrem-se nas semelhanças, permitindo o diálogo aberto que leva à harmonia.

Meus queridos filhos, a paz é mais do que deixar de lado as diferenças e pôr fim às guerras e discursos vis. Ela vem de dentro e, enquanto vocês não tiverem um coração sereno, não poderão alcançá-la. Freqüentemente as pessoas associam a paz à ausência de guerras, mas ela é a ausência das guerras e conflitos interiores que impedem que vocês amem a si mesmos e aos outros incondicionalmente. Paz é serenidade. É mente, coração e corpo serenos. É reagir de acordo com essa serenidade, e não com o sofrimento, com a raiva ou com o medo. Quando seus corações estão cheios de serenidade, vocês só reagem pacificamente. Portanto, a serenidade é o nosso objetivo de paz interior.

Mais uma vez peço-lhes que usem a Oração da Serenidade como seu guia. Aceitem as coisas que não podem mudar. Vocês não podem mudar os outros. Há mais conflitos interiores do que seria razoável, porque as pessoas tentam mudar umas às outras. Vocês querem ditar como seus entes queridos deveriam viver quando, na verdade de Deus, todas as pessoas são livres para ser elas mesmas. Aceitem as coisas em si próprios que não podem ser mudadas. Ponham fim aos conflitos interiores relacionados com idade, estatura, cultura, raça e tudo que não podem mudar. Quando vocês perceberem que as coisas que não podem mudar não são realmente tão importantes, acharão mais fácil aceitá-las como verdadeiras. Vocês são quem são, e por mais que queiram não poderão ser outra pessoa. Amem a si mesmos, respeitem quem são e aceitem-se totalmente. Sejam gentis, compassivos e decidam ter serenidade. Então perdoem, aceitem, resolvam e conciliem qualquer condição ou situação em suas vidas que não possa ser mudada.

Tenham a coragem de mudar as coisas que podem ser mudadas. Certamente, essas coisas são questões do coração, obsessões da mente, vícios da alma. Muitos de vocês têm questões difíceis para resolver, muita dor e raiva para sanar. Compreendam, meus queridos, que podem fazer isso com a ajuda de Deus. Ele espera seu pedido de ajuda em todas as situações. Ouçam sua orientação interior. Deus os guiará do melhor modo para que se tornem pacíficos. Deixem de lado o seu orgulho, olhem para dentro de si mesmos e façam o melhor que podem fazer. É assim que poderão se tornar pacíficos.

Mas, acima de tudo, saibam que há uma diferença entre as coisas que podem ou não ser mudadas. Orem pedindo sabedoria para distinguir umas das outras. Tentem descobrir a verdade de suas situações, e orem para que as outras pessoas façam o mesmo. Elas encontrarão modos de remediar qualquer condição. Vocês têm sabedoria. A sabedoria que buscam está dentro de si mesmos. Deus colocou toda a Sua bondade bem dentro de seus corações. Seu amor, Sua sabedoria, Seu conhecimento, Sua compreensão, Sua paz, Sua força, Sua coragem e Seu poder estão em vocês. Lembrem-se de que Jesus disse: "O reino dos céus está dentro de nós." É dentro de vocês que encontrarão suas respostas.

Orem pelo seu mundo. Orem pelas pessoas envolvidas em situações de conflito. Orem pelos dois lados em qualquer disputa. A paz não é um objetivo nacional; é um objetivo mundial. Orem pelos seus inimigos, assim como pelos seus amigos. Orem por aqueles que não desejam ou não conseguem perdoá-los. É mais importante perdoar do que julgar. Eu oro para que vocês vivam em paz e entoem o cântico: "Paz na Terra aos homens de boa vontade."

Maria, Mãe de Jesus

8

Sejam Fiéis em Suas Orações

fevereiro/1998

NÓS ENTRAMOS EM UM NOVO ANO, E ESPERO QUE VOCÊS *tenham descoberto que tudo está mudando para melhor.*

Acho incrível o fato de ver não apenas uma mudança de século, como também de milênio. Lembro-me de minha avó falando sobre algo que havia acontecido no século XIX, e de ter me sentido como se estivesse falando sobre o período antes de Cristo. Parecia um tempo muito distante. Posso imaginar meus netos dizendo para os netos deles: "No milênio passado, blablablá." Estou muito entusiasmada com isso.

Nós podemos influir na entrada deste novo milênio. A Virgem Maria fez algumas previsões trágicas em Sua mensagem original, que foram adiadas e minimizadas. Eu não tenho dúvidas de que, mudando nossa crença interior baseada no medo para uma crença baseada no amor, poderemos adiá-las e minimizá-las ainda mais. Ela disse que algumas coisas não podem ser mudadas. Em vez de me preocupar com o que pode ou não ser mudado, estou me concentrando nas orações e na paz interior. Eu os encorajo a se concentrarem em todas as coisas boas da vida, como o amor, a paz, a alegria e a sabedoria.

A Virgem Maria disse, em Sua mensagem original, que todos nós deveríamos estar preparados para qualquer evento futuro. Byron e eu nos preparamos fisicamente e continuamos a nos preparar espiritualmente. A preparação física pode ser feita com tempo e dinheiro, por isso está praticamente concluída. Podemos nos esquecer disso e ficar em paz. Mas a preparação espiritual exige trabalho diário, orações e total honestidade. Eu tenho o mau hábito de negar as coisas que preferiria não enfrentar ou ver. Saber disso é parte da minha preparação. Talvez vocês não precisem ser tão rigorosos. Façam o que precisam fazer para permanecer em Comunhão Divina com Deus.

Recentemente, recebi uma carta de uma cara senhora que me perguntou: "Como Deus quer que eu me prepare?" Ela diz que não teme mais a morte, mas deseja cumprir o seu objetivo/acordo entre seu Espírito e Deus. Perguntou-me: "Deus se manifestará de novo, depois que você estiver seguindo o seu caminho espiritual na Terra?" Bem, eu acho que Deus nos fala de um modo que facilita o nosso entendimento. Às vezes, Ele fala a partir de nossos sentimentos e anseios e de nossas reações viscerais, e em outras ocasiões através de palavras. Eu descobri que recebo muitas das minhas mensagens através de canções. Começo a cantarolar uma melodia, e às vezes me lembro de uma canção... palavras e melodia. Essas canções rondam a minha mente. Ouço-as repetidamente. Então penso sobre o que as palavras estão dizendo. Como a canção está respondendo à minha pergunta? Algumas pessoas recebem suas mensagens através de palavras escritas, outras, de idéias súbitas ou intuições.

Eu creio que não podemos evitar fazer o que viemos fazer aqui. Muitas vezes precisamos de anos para nos prepararmos para isso. E creio que estamos aqui para fazer muitas coisas, não apenas uma coisa. Enquanto vocês viverem do melhor modo que puderem, serão bem-sucedidos. Se sentirem um desejo de fazer algo fora do comum, façam-no, se isso lhes parecer certo. Quando eu olho para trás, percebo que estava sendo preparada. Todas as experiências da minha vida me levaram ao ponto em que me senti pronta, disposta e propensa a fazer o que me era pedido.

Eu precisava de um marido amoroso e que me desse apoio, como o Byron. Precisava de alguém que tivesse suas habilidades, seu know-how, sua persistência e sua coragem. Mensagens de Maria para o mundo *não teria se tornado um manuscrito sem o esforço dele. Comecei a receber o material que se tornou o livro dois anos depois que nos casamos. Além disso, precisava já ter criado a minha família para ter tempo para rezar e receber mensagens. Precisava chegar a esta idade para ter as experiências de vida que me permitem entender as muitas experiências dos outros. Precisava estar de baixo-astral para apreciar meus momentos de alto-astral. Precisava saber o que é não me amar para aprender a me amar, e poder encorajá-los a aprender a se amarem. Durante alguns anos, precisei viver em conflito para poder apreciar a vida tranqüila que tenho agora.*

Outra pergunta que essa senhora fez: "Como você sabe se está cumprindo o seu compromisso?" Enquanto você viver cada dia plenamente, fazendo o que sente que precisa fazer, sendo amoroso e pacífico — estará cumprindo o seu compromisso. Às vezes, achamos que ser amoroso é ser piegas ou meloso. Agora que eu me amo e sei que Deus está em todas as pessoas, não preciso tentar corrigi-las. Não preciso me desdobrar para ser amorosa. Compreendo que a coisa mais amorosa que posso fazer pelas pessoas é rezar com elas. Deus trabalha muito melhor do que eu. Agora que não sou mais co-dependente, não sinto necessidade de salvar ninguém. Ajudarei quando puder, mas não abrirei mão de todo o meu eu tentando tornar as coisas certas ou boas para os outros. Sei que Deus deu a cada pessoa a capacidade e os meios de viver esta vida amando incondicionalmente, e em verdadeira paz interior.

Essa mesma senhora diz que fica frustrada porque partilha essas informações com seus familiares e amigos, e eles não são receptivos. Eu creio que isso não tem a ver com evangelizar ou mudar as crenças alheias. Tem a ver com mudar a nós mesmos. Nas palavras da Virgem Maria, tem a ver com "purgar o coração e a mente da raiva e do medo". Acho que devemos partilhar quando o Espírito nos leva a fazê-lo, respeitando as crenças dos outros. Aquela senhora minha amiga disse que temia que seus familiares e amigos morressem sem estar preparados.

Não podemos saber o que está no coração das pessoas. Não cabe a nós fazer esse julgamento. Foi-nos pedido para amar a Deus, a nós mesmos e aos outros sem julgamentos, reservas ou limites. Devemos ficar em paz. Deus governa este mundo e está fazendo um ótimo trabalho. Além disso, nossos familiares e amigos podem já estar preparados sem que o saibamos. E se não estiverem, nossos exemplos e nossas orações lhes farão mais bem do que nossas palavras.

Portanto, meus amigos, sejam persistentes. Vamos rezar mais, e com maior freqüência, por nós mesmos, por nossos entes queridos e pelo nosso mundo. Até a próxima. Sua amiga de sempre,

Annie

✧ ✧ ✧

MEUS QUERIDOS FILHOS, VENHO COM O CORAÇÃO PLENO de amor. Eu os insto a ser fiéis em suas orações. Sejam honestos consigo mesmos para defender os princípios de sua fé. É importante que orem. Contudo, oração sem fé é esforço desperdiçado. Acreditem em si mesmos, na bondade e no amor de Deus. Acreditem que suas orações serão atendidas.

Orem com todo o coração, a mente e a alma. Orem como se nunca tivessem orado. Suas orações coletivas causam grandes mudanças no planeta. Há muitas áreas conturbadas no mundo, que precisam das orações dos fiéis por calma, sanidade e espírito de harmonia. Vocês são importantes para o mundo, e suas orações mais ainda. Orem acreditando que as pessoas podem alcançar a sanidade e harmonia.

Deixem que suas palavras sejam inspiradoras e que suas orações aumentem a esperança e a fé. Tenham esperança em seus corações o tempo todo. Usem afirmações de fé para elevar suas mentes. Lembrem-se de que meu filho, Jesus, freqüentemente perguntava às pessoas que o procuravam em busca de ajuda: "Vós acreditais que eu posso fazer isso?" Eu gostaria que vocês fizessem uma pergunta parecida antes de rezar. Vocês acreditam que Deus pode ajudar? Oram acreditando que Deus pode fazer isso? Oram com fé? A fé é muito importante para o resultado de suas preces.

Falem com Deus com suas próprias palavras, ou com as palavras de uma oração usada em sua religião. Rezem o terço, se assim o desejarem. Orem enquanto trabalham e ao longo do dia. Podem orar em todos os momentos. Falem com o coração, a mente e a alma. Vocês podem conversar com Deus sobre tudo. Ele é uma parte integrante deste mundo. Está nas montanhas, nos oceanos e em vocês.

O belo na oração é que ela traz para as suas vidas interiores as riquezas do Céu, enquanto vocês estão na Terra. Dá às suas vidas substância e objetivo, e os ajuda a manter a esperança em todas as circunstâncias e situações. Orem com gratidão em seus corações. Sejam gratos por tudo: vida, comida, abrigo, família, trabalho, oportunidades e sua própria conexão Divina com Deus. Vocês têm muito a agradecer.

Orar, meus filhos, é mais do que fazer pedidos. É a comunhão íntima com Deus. Nessa parte mais profunda de suas vidas interiores, falem com Deus sobre suas preocupações. Tirem do coração e da mente tudo que os incomoda, confunde e perturba. Então, estarão prontos para orar pelos outros. Não é egoísmo orar por si mesmos primeiro. Tirando do coração e da mente suas preocupações, estarão prontos para se concentrarem totalmente em outra pessoa e nas preocupações dela.

Quando vocês orarem por alguém, entreguem o resultado para Deus. Não é importante que conheçam a situação ou condição dessa pessoa. Deus sabe o que está acontecendo na vida dela. O importante é que vocês a inspirem com sua fé.

Orando com as pessoas, vocês acrescentam suas orações às delas. Isto permite que ocorra uma mudança interior que traz respostas, soluções e recompensas. Não se envolvam no que está acontecendo na vida da pessoa por quem oram. Não lhes cabe decidir o que ela precisa ou o que deveria ter. Simplesmente orem pelo seu maior bem, pelo melhor resultado para todos os interessados. O resultado é entre ela e Deus. Se alguém estiver doente ou deprimido, façam uma oração inspiradora. Se alguém estiver morrendo, orem pela pessoa e pela família dela. Orem por todos os envolvidos em um conflito, pelos dois lados em uma guerra, por todos afetados por ela, quaisquer que sejam as suas crenças.

Não digam: "Isso é tão desesperador!" Quando vocês expressam tais sentimentos, enfraquecem muito suas orações. Em vez disso, digam: "Vamos rezar com muita esperança, sabendo que para Deus tudo é possível." Este tipo de afirmação inspira, traz cura e deixa a paz e a alegria permearem a situação. Abandonem seus julgamentos. Só julguem as situações que os afetam diretamente e exigem que vocês façam escolhas. Então comuniquem suas escolhas para Deus por meio de orações.

Vocês podem dizer para Deus: "Meu ente querido está sofrendo e eu gostaria de ver toda essa dor passar", sabendo que Deus fará o melhor para seu ente querido. O julgamento a que me refiro é aquele que os coloca na posição de juízes, decidindo o que é certo ou errado. Quando vocês oram com esse tipo de atitude julgadora, é fácil culpar, desejar uma punição. Deixem o julgamento para Deus. Ele é muito mais capaz de ver todos os corações, conhecer todas as preocupações e entender tudo.

Freqüentemente, a melhor oração é a que tem a intenção de fé para quem a perdeu. Vocês podem orar com a intenção de amor para quem está com raiva ou medo, paz para quem está triste e cura para quem está doente. Podem ter uma vida e atitude de fé em defesa de si mesmos, seus entes queridos e seu mundo.

Acreditem com todo o coração, o entendimento e a alma. É possível haver paz no mundo. Todos os países e indivíduos podem conviver em harmonia. As empresas e os governos podem coexistir em cooperação com as pessoas. Acreditem que tudo se une para o maior bem de todos. Acreditem na Bondade de Deus e na bondade da humanidade.

Deixem todos os resultados para Deus. Só Ele sabe o que realmente é necessário em cada situação e circunstância. Entreguem suas orações para Deus, com fé e esperança. Deixem suas almas se rejubilarem com o resultado positivo antes que este seja visto. Rejubilem-se com a oração atendida antes que haja qualquer sinal de resposta. Tenham uma atitude inspiradora e um semblante alegre. Deixem seu amor reluzir através de sua fé. Abandonem o julgamento e o desânimo; não há espaço para eles em uma alma fiel. Esqueçam suas atribulações e histórias tristes; não há espaço para elas em um coração fiel.

Meus filhos, sempre que orarem mantenham a esperança em seus corações, a fé em suas vidas e a paz em todos os seus pensamentos. Vocês podem causar grandes mudanças no futuro. Podem dar início a uma grande onda de paz na Terra e boa vontade para com todos os homens. Eu tenho fé em vocês e em suas orações.

Maria, Mãe de Jesus

9

Busquem o Conforto de Deus

abril/1998

RECENTEMENTE, OBTIVE ALGUMAS REVELAÇÕES MUITO *chocantes sobre mim mesma. Conscientizei-me de que precisava aprender a ter autodisciplina e de que não havia prestado atenção ao meu corpo físico. Mas não sabia até que ponto o negara. Durante toda a minha vida, não havia prestado atenção nele. Portanto, começar a me preocupar com o meu corpo depois de tanto tempo é um ato de autodisciplina. No dia em que recebi o diagnóstico de diabetes, perguntei-me que lição poderia tirar disso. A resposta veio rapidamente: autodisciplina. Isso não me surpreendeu. Mas parecia que eu estava enfrentando algo que evitava há anos, não apenas nesta experiência de vida. Ah, eu tento ter a melhor aparência possível, mas depois esqueço de tudo a meu respeito.*

Nos últimos 18 meses, tenho me saído bem em relação à parte dietética desse programa, e percebo que estou reaprendendo minha antiga lição de aceitação. Essa é outra oportunidade para trabalhar com a Oração da Serenidade. Vocês sabem, aceitar as coisas que não posso mudar e mudar as que posso. Meu dilema tem a ver com a pergunta: o que pode ou não ser mudado? Sim, acredito de todo o coração que para Deus tudo é possível, que posso obter uma cura instantânea. Mas há algo que me incomoda. Durante meses, achei que precisava passar por essa experiência, ou que a havia escolhido. Então, voltando à minha pergunta, o que pode ou não ser mudado?

Meu corpo e suas necessidades foram algo em que eu não quis pensar. Agi de modo muito parecido com Scarlett O'Hara: "Amanhã eu penso nisso." Mas o amanhã nunca chegou. Durante anos foi mais fácil não pensar nisso; eu tinha de tratar de muitas coisas, filhos, marido, mãe, amigos, trabalho, minha cura emocional, meu crescimento espiritual e tudo que me permitia evitar pensar nisso. Realmente tentei ignorar a necessidade de cuidar de meu corpo. Fiz isso tão bem que até hoje não sei quando estou sofrendo. Byron olha para a minha expressão, percebe minha aflição e me diz que estou sofrendo. Parece ridículo negar o próprio corpo até esse ponto.

O pior é aprender a ter autodisciplina, mas aprender a me amar também tem sido difícil. É uma luta. Ouço meu terapeuta dizendo: "Continue tentando, Annie." Então continuo controlando a minha alimentação e tomando os demais cuidados relacionados com minha doença.

Portanto, minha lição é de autodisciplina. Mas o que é autodisciplina? Freqüentemente as mensagens que recebo através de minhas leituras dizem que a disciplina é ensinada. Também poderia ser treinada e praticada. Estou ensinando a mim mesma novos hábitos alimentares e treinando para viver de um modo saudável, respeitando o meu corpo. Descobri que ainda tenho em mim muitas crenças errôneas profundamente arraigadas. Minha orientação interior diz que ainda tenho um vestígio da crença de que, para servir a Deus, é preciso sofrer. Bem, essa é uma crença que meu consciente não considera mais verdadeira. É hora de eliminá-la de meu subconsciente.

Nas mensagens compiladas no livro Mensagens de Maria para o mundo, *a Virgem Maria disse que se preocupava tanto com a nossa vida física quanto com a nossa vida espiritual, e que devemos nos preparar física e espiritualmente. Nestes últimos dez anos, tenho me concentrado em minha parte espiritual, emocional e mental. Mas, para ser inteira enquanto estou na Terra, a parte física também é importante. Estou tentando preparar o meu corpo para o que quer que o futuro traga.*

Não sei aonde isso irá me levar, ou a que ponto estou tentando chegar, só sei que quando nos negamos, cedo ou tarde acabamos tendo de encarar a nós mesmos. Outro ponto poderia ser que nenhum dos aspectos do indivíduo é mais importante do que o outro. Ser inteiro significa estar com todas as partes de si mesmo igualmente bem. Outra coisa veio à minha mente: esse processo é apenas mais um passo para me amar. Quando nós nos amamos totalmente, cuidamos de todos os aspectos de nossas vidas: corpo, mente e alma.

Não sei se alcançarei o objetivo que estabeleci para meu corpo físico, mas com a ajuda de meu médico sei que farei o melhor que puder, e depois entregarei os resultados finais nas mãos de Deus. Quem sabe, não serão muito melhores do que os que eu esperava. Talvez, se eu me esforçar ao máximo para corrigir meus pensamentos e atos relacionados com os cuidados com o meu corpo, e se orar e meditar sobre isso, passe a ter mais saúde do que tive em anos. Tenho certeza de que Deus me ama mais do que posso entender. É um prazer para Ele nos dar a vida, e dá-la em abundância. Minhas lições de autodisciplina estão se tornando numerosas. Mas todas as nossas lições não são assim? Não aprendemos muito mais do que no início achávamos que aprenderíamos?

Bem, meus amigos, eu lhes agradeço por me permitirem partilhar alguns pensamentos muito pessoais. Vocês são ótimos, e eu os estimo. Até a próxima. Sua amiga de sempre,

Annie

✧ ✧ ✧

MEUS QUERIDOS FILHOS, VENHO LHES TRAZER CONFORTO, uma palavra de incentivo, consolo e amor enquanto vocês enfrentam as provações e os aborrecimentos da grande mudança. Para o coração humano, a mudança é assustadora e perturbadora. Quando vocês confiam no Criador Divino, são guiados para o lugar certo, para as pessoas e situações que os ajudarão quando chegar o momento. Comecem hoje, se ainda não começaram, a viver cada momento. Deixem que os seus pensamentos sobre o futuro sejam de coragem e esperança. Façam planos para o futuro à sua própria maneira, ajam conforme lhes for orientado e vivam o momento. Ele é seu... e Divino. Permitam que seus planos e suas ações lhes tragam alívio.

Deixem o alívio confortar suas almas, encorajar seus corações e diminuir suas ansiedades. A alma é confortada através da oração e meditação. Façam suas orações diárias.

Conversem com Deus sobre todas as suas preocupações. Orem por suas vidas, sem omitir nenhum aspecto delas. Não pensem que podem esconder algo de Deus. Falem com Ele sobre tudo. Estão frustrados ou angustiados com uma determinada situação? Preocupados com algumas áreas de seu mundo? Com entes queridos? Deus vê e sabe tudo, porém vocês não podem se beneficiar enquanto não estiverem receptivos à Sua ajuda e às Suas soluções amorosas. Não escondam nada no coração ou na mente. Revelem para Deus suas preocupações e seus problemas. Deixem-No confortá-los dando-lhes insights de soluções e respostas. Permitam-Lhe mudar circunstâncias e situações para atender às suas orações e súplicas.

Meus filhos, reservem um tempo para ouvir através de suas meditações. Quando meditarem, permaneçam em comunhão com Deus. Façam isso em silêncio. Calem-se e deixem o silêncio acalmar suas almas. Simplesmente deixem suas meditações se tornarem vigílias silenciosas. No início poderão achar difícil ficar em silêncio, mas com a prática isso se tornará mais fácil. Talvez vocês só consigam ficar em silêncio por alguns segundos ou minutos. Não faz mal. Permaneçam assim enquanto conseguirem. Não julguem o que acontece no silêncio. Ele é sua interação com tudo que é divino, e não pode ser julgado ou medido na Terra. Com o tempo, vocês se sentirão mais confortáveis no silêncio. Seus corações se rejubilarão e experimentarão um alívio no âmago de seu ser. Quando estiverem aborrecidos ou perturbados, busquem conforto na quietude de suas almas. Quando estiverem tristes e desgostosos, confusos e com dúvidas, busquem conforto no silêncio. Quando estiverem alegres e gratos, busquem a comunhão com Deus no silêncio.

Permitam-se encontrar conforto nas alegrias da vida. O Rei Davi disse: "Exultai no Senhor toda a Terra; exclamai e alegrai-vos de prazer, e cantai louvores." Esse é o modo de adorar a Deus. Ele os ama incondicionalmente, e isso conforta e alegra a alma. Diariamente, descubram a alegria de viver. Procurem modos de ser alegres e ter boa vontade. Quando vocês se concentrarem nas alegrias da vida, serão mais gratos, mais compassivos e muito mais compreensivos. Enquanto estiverem na Terra, existirão problemas, mas deixem-nos no silêncio, e permitam que Deus opere milagres. Concentrem-se nas alegrias, e não nos problemas da vida.

Podemos dizer repetidamente: "Não julgueis, para que não sejais julgados. Porque com o juízo com que julgardes sereis julgados." Mas enquanto vocês não encontrarem o conforto de Deus, continuarão a repetir velhos padrões de julgamento. O conforto de Deus traz alívio através do perdão. Enquanto vocês de fato não aceitarem que são amados incondicionalmente e perdoados por todas as coisas, continuarão a fazer julgamentos. E enquanto não conseguirem se perdoar por todas as coisas, imaginárias e reais, não encontrarão o bem-estar que provém da alma em paz.

Perdoem a si mesmos por todos os seus erros, pecados, julgamentos errados e tudo que os aflige. Algumas pessoas têm coisas importantes a perdoar, como crimes e todos os tipos de abusos. Outras devem perdoar a si mesmas por ter sido maldosas, desinteressadas e pouco envolvidas em suas próprias vidas pessoais, e nas de seus entes queridos. Perdoem-se pelos grandes e pequenos aborrecimentos. Então receberão o grande conforto de Deus. Através de Seu conforto, Ele traz alívio para esses aborrecimentos e oferece consolo na consciência da paz interior. O perdão de Deus acalma o espírito. O perdão de vocês os livra de uma vida de grande medo interior.

Agora, vocês estão prontos para perdoar os outros, para livrar a si mesmos e as pessoas com quem têm problemas de todas as perturbações da alma. Isso lhes trará mais alívio do que podem imaginar. Então, estarão livres para ser alegres, ter uma vida feliz e pacífica. Essa é a sua finalidade e possibilidade. Quando perdoam todas as pessoas e todas as coisas, ajudam a trazer paz para as suas vidas e para o mundo.

Tentem experimentar o júbilo da paz que está além de toda compreensão. Meus filhos, vocês foram criados para viver em paz, acreditem nisso de todo o coração. Deixem a consciência de que são amados incondicionalmente levá-los a realmente experimentar o júbilo da paz.

Primeiro encontrem a paz dentro de si mesmos. Comprometam-se a viver harmoniosamente; é isso que ajuda a trazer paz para o mundo. Há alívio nesse compromisso, que os conforta e traz à tona todas as questões que os impedem de ter paz. Mas não deixem que essas questões os desviem de seu objetivo de paz interior. Reconheçam que elas devem ser resolvidas e perdoadas para poderem alcançá-lo. Cada um de vocês tem tudo de que precisa em si mesmo para realizar essa tarefa.

Então vivam alegremente. Encontrem a alegria em sua vida diária, na bem-sucedida realização de seu trabalho, nos relacionamentos com seus familiares e amigos. Tentem conhecer a si mesmos. Encontrem a alegria e o humor que são parte de seu espírito. Diariamente, tentem ter uma boa disposição mental. Não ignorem os problemas, mas os resolvam com boa vontade. Há alegria em cada pôr-do-sol e amanhecer, na natureza e em seus filhos. Encontrem a alegria em suas atividades e em seus passatempos, em ser bons exemplos para os outros, na oração e meditação. É isso que lhes peço. Não lhes peço o impossível. Cada um de vocês tem a capacidade de encontrar conforto, viver em paz e alegremente. Permitam que suas vidas diárias sejam amorosas, encorajadoras e apaziguadoras para a humanidade. Então, suas vidas diárias se tornarão os louvores que vocês cantam para Deus. Permitam que suas vidas reflitam o amor de Deus.

Maria, Mãe de Jesus

10

Cada Dia É uma Dádiva

junho/1998

"ENQUANTO VIVO E APRENDO." ESTA FRASE PARECE SER O *meu lema. Certamente estou vivendo e aprendendo. Ainda estou aprendendo a mesma lição, como prestar atenção ao meu corpo, ou talvez esteja tomando consciência dele. Agora é hora de curar o meu corpo, que carrega tanta bagagem antiga quanto meu coração e minha mente carregavam... juntos.*

Mas primeiro quero aproveitar para agradecer às muitas pessoas que entraram em minha vida, trazendo vários tipos de métodos de cura. Muitas se ofereceram para me fornecer ervas, tônicos ou outros produtos que as ajudaram, ou ajudaram os seus clientes, a se curar. Não consegui seguir um determinado programa devido à minha falta de atenção. Realmente aprecio muito suas boas intenções, sua boa vontade e seu amor. Ao longo dos anos recebi inúmeras massagens, tratamentos reikianos e outras formas de trabalho corporal e energético, com bons resultados. Estou melhorando. Como tudo o mais na vida, isso é como o fluxo das marés. Tenho dias bons e outros não tão bons. Agora, quase todos são bons.

Estou trabalhando nisso usando a Oração da Serenidade. Uma coisa em que me falta disciplina é no exercício. Não gosto de me exercitar, embora saiba que é importante. Então, oro para ter a constância e motivação para cumprir um programa de exercícios. Comecei tantas vezes que poderia dizer que sou a rainha dos começos. É de persistência que preciso. Talvez pare de começar, e apenas considere os intervalos como meu modo normal de me exercitar. Então, cumprirei o mesmo programa. Algo acontece quando recomeçamos repetidamente. Pelo menos comigo. Começo a achar que sou um fracasso e posso facilmente sentir-me derrotada. Lembro-me da advertência da Virgem Maria sobre "viver Sua mensagem o melhor que puder". Talvez esse seja o segredo para trabalharmos em nossas lições individuais: apenas fazer todos os dias o melhor que pudermos.

Muitas pessoas resolvem os problemas de suas vidas com saúde, bens ou relacionamentos. Não importa o que enfrentamos, se fizermos o melhor possível todos os dias. Então parem de julgar o que é o possível para nós. Se compararmos o que é hoje com o que era ontem, ou na semana passada, encontraremos discrepância. Eu descobri, enquanto aprendia a me amar, que não podia julgar o que é o melhor possível hoje com base no que era ontem. Ontem, o melhor possível pode ter sido trabalhar no jardim ou caminhar por uma alameda durante toda a tarde. Se hoje é apenas sair da cama e atender às minhas necessidades pessoais, então é o que devo fazer. Talvez o mais importante seja ter persistência. É o que eu não tinha e estou aprendendo a ter agora.

Quando eu estava aprendendo a me amar incondicionalmente, aprendi a não julgar o meu dia, a ficar feliz com o que conseguisse fazer, a não olhar para a semana ou o ano anterior. Muitas vezes as pessoas se queixam de que não conseguem mais fazer tantas coisas quanto antes. Isso é especialmente verdadeiro quando envelhecemos. Olhar constantemente para trás, como que para medir o próprio potencial, é limitar-se ao passado. Mas olhar constantemente para frente, para um futuro que na melhor das hipóteses é apenas um sonho, é viver fora de si mesmo. É o "AGORA" que importa. É o que fazemos hoje que conta, não o que fizemos ontem ou o que queremos fazer amanhã. Uso a frase "Agora é hora de" como uma afirmação. Perdi muito tempo ignorando minha própria vida, meus pensamentos, meu corpo e meu espírito. Não pretendo perder mais.

Outra coisa que estou aprendendo é que Deus deseja que apreciemos a vida. Isso é mais fácil quando abandonamos nossos julgamentos. Ele nos ama incondicionalmente e deseja que apreciemos nossa experiência humana. Uma das primeiras coisas que ouvi, quando comecei a prestar atenção à minha orientação interior, foi: "Pega leve, Annie." Na época eu estava preocupada com o meu peso. Estou aprendendo a ver o humor em todas as situações, por mais que pareçam terríveis ou devastadoras. Não é que viveremos sem problemas, mas que viveremos com a capacidade de ver claramente os nossos problemas e encará-los com a ajuda de Deus. Podemos resolver tudo, enfrentar tudo e ficar satisfeitos com nós mesmos e com as nossas vidas. Não creio que, para ser espiritual, minha vida deva ser perfeita. Muitas vezes as pessoas se desapontam se as coisas não dão certo. Olham para as suas vidas julgando que isto é bom e isto é mau. Não vejo mais a minha vida nesses termos. Sei que tudo é bom quando me concentro em Deus e em Seu amor. Minhas maiores lições começaram como tragédias. Aprendi que não é importante para a minha vida ser perfeita porque, com Deus, posso enfrentar tudo com amor, paz e humor.

Estou aprendendo a apreciar e aceitar o meu corpo, com todas as suas peculiaridades e falhas. Muita vezes é a nossa atitude que conta, e talvez precise mudar. Como vocês sabem, uso o que acontece em minha vida para aprender minhas lições espirituais. Fui instruída a fazer isso pela Irmandade e pela Virgem Maria. Certa vez Ela me disse, sobre o problema que meu filho tinha com a bebida: "Cuidaremos do interior, quando este estiver bem, o exterior cuidará de si mesmo." Portanto, uma das minhas lições é a de autodisciplina. Estou me tornando mais disciplinada em minhas meditações. Recebo advertências, idéias e insights do que preciso fazer. Agora tenho esperança e fé em que tudo ficará cada vez melhor.

Até a próxima. Sua amiga,

Annie

✧ ✧ ✧

MEUS QUERIDOS FILHOS, VENHO A VOCÊS EM PAZ E COM um grande amor no coração. Nós somos um único ser unido com Deus, nosso Criador. Estamos juntos no amor, na paz e na alegria. Eu gostaria que vocês vivessem livres de qualquer vestígio de medo ou raiva não resolvida, e de tudo que impede o seu próprio bem. Vocês têm todos os meios, toda a capacidade de viver com amor, paz e alegria hoje.

Comecem o dia com o coração grato. Comecem todos os dias com uma oração de agradecimento. Quando pensarem em seu dia, lembrem-se de que é uma dádiva. Decidam vivê-lo o mais plenamente possível. Permitam que sua manhã seja de preparação interior para o trabalho, a diversão ou seja o que for que tiverem agendado para este dia em particular. A cada manhã comprometam-se a viver este dia em paz. Deixem a paz dirigir seus pensamentos, e a alegria ser o seu objetivo.

Vocês podem fazer isso. Comecem consigo mesmos e então expandam o seu círculo para incluir seus familiares e semelhantes. Comecem com pequenos atos de cortesia. Deixem seu amor mostrar que reconhecem as pessoas como iguais nesta vida. Sorriam mais, permitam que elas vejam a sua alegria. Não importa se retribuem o seu sorriso. Vocês não estão sorrindo para ganhar uma porção de sorrisos. Estão sorrindo para mostrar sua alegria de viver, seu coração pacífico e sua boa vontade. Permitam-se sorrir como um sinal de seu amor pelo amor de Deus.

Vocês podem ser pacíficos quando decidem pôr fim a todos os antigos rancores. Quando perdoam rapidamente, vivem em paz sem guardar ressentimentos. Vocês podem ser pacíficos quando decidem e assumem o compromisso de fazer o melhor possível para viver em paz. Isso não significa que nunca sentirão raiva. Significa que, quando sentirem, encontrarão rapidamente modos sadios de dissipá-la. Nunca causem mal aos outros ou a si mesmos. A raiva é parte de sua constituição, colocada em vocês por um bom motivo, o mesmo pelo qual foram imbuídos de medo. A raiva e o medo são meios de proteção. Essas emoções se tornam prejudiciais à sua saúde e paz quando vocês as nutrem e se recusam a tratá-las.

Lembrem-se de que a raiva e o medo foram-lhes concedidos por um motivo. Estão dentro de vocês para protegê-los, dar-lhes energia para fugir ou lutar em situações de perigo. Têm sua utilidade. Essas emoções poderosas não foram colocadas em vocês para que as usem para fazer mal a si mesmos ou aos outros, para ser trancafiadas em seus corações e suas mentes. Foram colocadas em vocês para serem usadas por um curto período de tempo. Então vocês devem voltar a seu estado natural de contentamento, amor e paz.

Qualquer medo que vocês tenham no coração durante dias, será um tempo demasiado. Qualquer raiva ou ressentimento que vocês tenham por mais de uns poucos dias, estarão presentes por tempo demais. Façam tudo que puderem, quando puderem, para eliminar essas emoções. Isso é imperativo ao entrarem nesta nova era. É imperativo que se tornem pacíficos, que amem incondicionalmente. É importante que sejam alegres. Apreciem todas as experiências e busquem o lado bom que há em toda situação e circunstância. Nessa busca vocês crescem e percorrem o caminho para a espiritualidade e a paz. A jornada para a paz é importante. É preciso completá-la. Tentem eliminar essas emoções de seus corações. Conciliando as desavenças e perdoando os erros, vocês se aproximam de Deus. Vertam as lágrimas que eliminam a dor da raiva não resolvida. Gritem para expulsar a mágoa do coração e da mente. Falem as palavras que tiram de vocês essas emoções negativas. Mas chorem, gritem e falem de um modo sadio. Não é sadio gritar palavras que causarão dano ou sofrimento para seus entes queridos. Não é sadio censurar a si mesmos pelos erros do passado.

É sadio falar, chorar ou gritar em oração. É sadio pedir a Deus que os ajude a se livrar de todas as emoções negativas.

Vocês podem fazer isso, meus filhos. Serão guiados para o método, as pessoas e as organizações que os ajudarão mais. Ninguém pode fazer isso sem a ajuda de médicos, líderes espirituais ou conselheiros. Não é errado pedir ajuda. É um bom modo de se tornarem pacíficos. Eu tenho fé e confiança totais em suas habilidades interiores. Façam isso agora. Tornem-se pacíficos.

Então vocês estarão prontos para amar no júbilo da paz, que está além de toda compreensão, e poderão ser chamados de pacificadores. Jesus disse: "Bem-aventurados os pacificadores, porque eles serão chamados filhos de Deus." Esses são vocês. Jesus falava sobre o que vocês são hoje. Vocês têm a oportunidade de levar a paz onde houver ódio, ressentimento e medo. Podem ser pacíficos, quando vivem para perdoar tudo. Em um estado natural de perdão, não guardam ressentimentos, mas ficam imediatamente serenos, perdoando sempre tudo e todos.

Vocês podem ser alegres. Têm toda a capacidade de viver em paz. Têm a habilidade interior para isso. Apreciem a vida que têm hoje, seu lares e suas famílias. Tirem prazer das pequenas coisas da vida, da beleza do céu, das estrelas e da lua. Tirem prazer de seus talentos. Tentem descobrir sua criatividade. Todos têm talentos. Seus talentos podem não ser iguais aos dos outros, mas vocês os têm.

Descubram a alegria da oração e da meditação. Concentrem-se no bem em suas vidas e tentem expandi-lo através de sua alegria. Permitam-se apreciar os atos de respirar, comer, dormir, trabalhar e divertir-se. Permitam-se ver o bem nos outros. Considerem bem-vindos os prazeres da natureza. Tirem prazer do pôr-do-sol e do amanhecer de um novo dia. Diariamente, encontrem algo para apreciar. Talvez algo admirável, como o nascimento de uma criança, a visita de entes queridos ou um casamento. Talvez as coisas simples da vida, como o trabalho doméstico. Tudo na vida pode ser apreciado se vocês têm a atitude certa e buscam a alegria em todas as situações. Quando chorarem, apreciem suas lágrimas. Quando rirem, apreciem seu humor. Quando jogarem, apreciem o jogo. É assim que se vive no júbilo da paz. Vocês podem fazer isso, meus filhos. Sei que podem.

Lembrem-se sempre de que eu os amo como Deus os ama, sem condições e sem limites.

Maria, Mãe de Jesus

11

Vivam com Alegria

agosto/1998

EU ESTOU CADA VEZ MELHOR. MINHA SAÚDE/ENERGIA *ainda flui e reflui. Nos últimos meses, lidei mais com os ajustes psicológicos do que com os físicos. Muito antes de a Virgem Maria começar a vir a mim, eu tinha rezado por uma cura do corpo, da mente e da alma. Tenho curado a raiva emocional e mental, e os medos antigos. Agora, é hora de curar o corpo. Não acho que minha alma algum dia tenha precisado de cura, porque é a parte de mim que conserva o meu estado original. Neste estado sou perfeita, assim como vocês são perfeitos. Mas, para alcançá-lo, tive de me livrar de muitas coisas inúteis como ressentimentos, fobias, medo, raiva, vergonha, culpa, orgulho e co-dependência.*

Parece que alcancei este estado e não tenho mais esses problemas. Na verdade, eles ainda se manifestam de tempos em tempos, fazendo com que eu me sinta "mal". Não mais me enraiveço, mas me zango. Não mais tenho fobias, mas posso sentir medo. Agora que experimentei a paz e a alegria de viver sem os "maus sentimentos", é mais fácil afastá-los quando surgem em minha vida. Obrigada por suas contínuas orações; estão me ajudando muito. Conto com elas como uma das minhas maiores bênçãos.

Há ocasiões em que sinto vergonha de minha doença física. Como podem ver, ainda não resolvi totalmente os meus problemas de vergonha. Na maioria das vezes, eu a sinto quando estou perto de gente que acredita que doenças físicas acontecem com pessoas que não são espiritualizadas. Elas acham que ser espiritualizado significa ter uma vida mágica, sem qualquer tipo de sofrimento ou necessidade. Minha intenção não é desprezar sua crença. Se é assim que sua espiritualidade é experimentada, digo que "espero que continuem a ser bem-sucedidas". Eu pedi curas para o corpo, a mente e a alma, e por isso estou demorando mais para obtê-las. Agora, estou eliminando problemas que me acompanham há séculos. É mais importante me livrar desse lixo antigo do que parecer espiritualizada.

Sherry Hansen Steiger enviou-me uma cópia de seu novo livro, The Power of Prayer to Heal and Transform Your Life. *Ela incluiu uma oração que costuma ser citada como sendo de "fonte desconhecida". Sherry diz que é uma de suas orações favoritas, que já viu ser atribuída a São Francisco.*

Pedi a Deus

Pedi a Deus força para ter êxito.
Recebi fraqueza para aprender a obedecer.
Pedi a Deus saúde para realizar coisas grandiosas.

Recebi enfermidade para realizar coisas melhores.
Pedi riqueza para ser feliz.
Recebi pobreza para ser sábio.
Pedi poder para ter aprovação.
Recebi fraqueza para sentir a necessidade de Deus.
Pedi a Deus todas as coisas para desfrutar a vida.
Recebi vida para desfrutar todas as coisas.
Não recebi nada do que pedi, mas recebi tudo que esperei ter.
Entre todos os homens, sou o mais ricamente abençoado.

São Francisco

Recomendo muito o livro de Sherry Steiger. Ela conta histórias maravilhosas de casos de cura reais. Além disso, dá suas opiniões sobre como ensinar os filhos a orar. Isso me ajudou a lembrar dos muitos modos pelos quais as orações nos ajudam.

Recentemente assisti a um documentário intitulado The Innocent Ones. *Se vocês tiverem a oportunidade, assistam também. Irão se sentir dispostos a fazer mais pelas crianças do mundo. É um documentário sobre as dificuldades que crianças de diferentes países enfrentam para sobreviver. Ressalta não só a pobreza, como também o abuso. Há meninas na África que são oferecidas para um sacerdote tribal como virgens tribais, a fim de se tornarem escravas de suas religiões. Essas meninas vivem pelo resto de suas vidas como escravas na casa do sacerdote. Na África e na Ásia, muitas crianças são vendidas como escravas. Trabalham desde antes de o dia raiar até depois do anoitecer pelo resto de suas vidas, sem pagamento ou alguém que se importe com elas.*

O documentário mostra crianças de rua, na América Central, viciadas em cola de sapateiro. É a cola que foi banida dos Estados Unidos. Também mostra como as crianças são tratadas em orfanatos e instituições mentais. Em muitos países do mundo, as crianças com retardo mental e paralisia cerebral são internadas pelo resto de suas vidas. Eu tenho um filho com retardo mental, e isso realmente me sensibilizou muito.
O documentário mostra crianças em muitos países que se prostituem porque esse é o único modo que têm de ganhar a vida. E ainda assim, vivem em uma miséria de cortar o coração. Sinto muita compaixão por elas. São milhares em todo o mundo. O documentário não exclui nenhum continente. Mostra crianças vivendo em condições terríveis também nos Estados Unidos.

Vendo isso, lembrei-me da advertência da Virgem Maria sobre rezar para Suas crianças, e também de que Ela disse que a primeira coisa que devemos fazer pelos nossos entes queridos é uma oração, porque é o melhor que temos a lhes oferecer. Meu coração ora desde que vi esse documentário. Que grandes mudanças podemos realizar nas vidas das crianças se oramos por elas diariamente! Orem comigo pelas crianças do mundo. Lembrem-se de que isso é o melhor que podemos fazer. Eu acredito no poder da oração de mudar as coisas que podem ser mudadas. Abuso, vício e ignorância certamente podem ser mudados. As crianças precisam de nossas orações.
No documentário, elas pareciam desesperançadas, perdidas e sem amor.

Nós podemos fazer diferença no mundo. Freqüentemente, pensamos que não podemos fazer nada, mas cada um de nós pode orar. Podemos enviar nosso amor para todas as crianças e para os lugares conturbados de nosso planeta. Por favor, não se esqueçam das crianças. Até a próxima. Sua amiga de sempre, que lhes envia amor,

Annie

✧ ✧ ✧

MEUS QUERIDOS FILHOS, VENHO A VOCÊS COM ALEGRIA E o coração cheio de amor. É através do amor de Deus que estou com vocês. É porque Ele é amor que somos um. O amor de Deus é o meio de comunicação que nos permite unir nossos espíritos na alegria e na paz.

Tentem diariamente ser alegres. Há um sentimento de alegria oculto na vida; façam o possível para encontrá-lo. Vocês podem experimentar a paz quando vivem no amor de Deus. A força vital de Deus é o que os anima todos os dias. Ele está mais próximo do que sua respiração, seus batimentos cardíacos ou seus pensamentos, mais vivo do que vocês, e mais amoroso do que imaginam. Apreciem suas vidas. Apreciem o seu trabalho, suas famílias e os problemas da vida. Apreciem todas as fases de suas vidas; não desprezem nenhuma, porque é através da experiência de viver que vocês existem. Muitas vezes, estão mais vivos nos momentos de dificuldade.

Se, por qualquer motivo, não estiverem gostando de suas vidas, tentem descobrir o que está lhes tirando a alegria. Quando descobrirem os problemas que os impedem de experimentar contentamento, façam tudo que puderem para resolvê-los, perdoá-los e se livrar deles. Não deixem que nada interfira em sua existência alegre e pacífica.

Vocês podem se tornar mais felizes através de orações e meditações. Quando se concentrarem na alegria, poderão notar as situações e circunstâncias em suas vidas que são tristes. Então, poderão primeiro tomar consciência das experiências que precisam ser esquecidas e perdoadas. Perdoem, meus filhos, porque o perdão os levará a mais paz e alegria do que jamais experimentaram. Eu lhes peço que encontrem a tranqüilidade que está além de toda compreensão.

Rejubilem-se, porque são amados; vocês têm uma força vital que lhes permite fazer suas próprias escolhas. Rejubilem-se, porque são capazes de experimentar. Sejam gratos e rejubilem-se porque podem amar e se tornar pacíficos. Rejubilem-se em suas comunicações com Deus e porque estão repletos do espírito Dele. Rejubilem-se porque estão vivos. Deixem que suas vidas reflitam a alegria de Deus em vocês. Deixem todo o seu ser refletir o amor de Deus por vocês.

Agora, meus filhos, orem para que possam servir a Deus. Deixem que Ele os guie de modo que expressem sua alegria. Deixem que Deus os pegue pela mão e conduza de modos que mostrem Seu grande amor. Há muitos meios de expressar sua natureza alegre, pacífica e amorosa. Vocês podem demonstrar o amor de Deus em suas vidas, por meio de sua compaixão, bondade e afeição. Há muitas maneiras de fazer isso. Onde houver negligência, vocês podem levar bondade e interesse, tratar as pessoas com compaixão e compreensão. Podem mostrar o amor de Deus em suas vidas cuidando de si mesmos e de seus entes queridos, sem julgamentos. Podem demonstrar seu interesse ajudando os oprimidos, famintos e idosos. Mas, acima de tudo, podem expressar sua alegria e seu amor através de suas orações por todas as pessoas, independentemente da religião, raça, cultura ou nacionalidade delas.

Onde houver rancor ou guerra, levem um pouco de paz através de sua compreensão e tolerância. Onde houver conflito, deixem sua paz levar a voz da razão. Onde houver raiva, deixem todo o seu ser refletir a paz de Deus. Permitam que suas palavras, seus pensamentos e seus atos sirvam para incentivar, em vez de reprimir. Orem com amor. Perdoem rapidamente tudo que é nocivo ou cruel. Sejamos os primeiros a perdoar, os primeiros a compreender e os primeiros a levar novamente a paz a todas as situações.

Deixem sua alegria se refletir em sua capacidade de ver o humor em todas as circunstâncias. Tornem-na contagiante. Não se envolvam em situações de conflito, mas procurem nelas a alegria, o bem e as bênçãos. Quando vocês conseguem manter a alegria em momentos de conflito, ajudam muito a promover a paz. Quando ajudam as pessoas a se divertirem, trabalham pela paz. Quando alegram-lhes a vida, são amorosos como Deus.

Dêem às pessoas a oportunidade de rir e descobrir a alegria de viver. Muitas vezes elas se tornam sérias demais. Esquecem-se de apreciar as coisas comuns. Há júbilo em levantar cedo para ver o dia raiar, em conversar ou brincar com crianças, em admirar a natureza. Apreciem o lugar onde moram. Permitam-se apreciar os desertos, as praias, as campinas, os bosques e os pântanos. Apreciem os pássaros, as pequenas criaturas de Deus, e também uma simples conversa. Ajudem seus semelhantes como puderem, e deixem que eles os ajudem.

Tentem seriamente encontrar Deus em si mesmos e em suas vidas. Então, sintam a alegria de trabalhar, cuidar de seus entes queridos e realizar suas tarefas diárias. Alegrem todo o seu ser. Alegrem-se com sua ótima e forte conexão com Deus. Tenham prazer em dialogar com Deus. Deixem a alegria melhorar seu dia de trabalho, a paz ser sua prioridade e o amor ser seu estilo de vida. Façam tudo que puderem, à sua própria maneira, para se tornarem alegres e pacificadores na Terra, agora.

Jesus disse: "Bem-aventurados os pacificadores, porque eles serão chamados filhos de Deus." Vocês já são filhos de Deus; agora tornem-se pacíficos, para poder ser pacificadores. Façam um inventário de suas vidas. Livrem-se do ressentimento, da inveja, da animosidade, da indignação, do medo, da fobia e de todas as emoções negativas. Não permitam que a amargura causada por acontecimentos passados os impeça de experimentar a paz, o amor ou a felicidade. Para vocês se tornarem pacificadores, primeiro devem purificar o coração e a mente de todas as emoções negativas, todos os padrões de pensamento desfavoráveis e todos os conflitos em suas vidas.

Como disse o Rei Davi: "Exultai no Senhor toda a Terra; exclamai e alegrai-vos de prazer, e cantai louvores." Ele também disse: "Servi ao Senhor com alegria." Vocês também podem servir ao Senhor com alegria e amor. Sirvam a Deus fazendo tudo que puderem para se tornarem as pessoas pacíficas, alegres e amorosas que Ele os criou para ser. Vocês podem fazer isso, meus filhos. Estou certa de que têm a capacidade, o know-how e os meios para se tornarem assim. Podem refletir o amor de Deus onde moram, ser úteis vivendo com paz e alegria. Ensinam mais pelo exemplo do que com palavras. Permitam que suas vidas sejam um meio de ensinar as outras pessoas a encontrar a verdade, a paz e a alegria delas.

Lembrem-se sempre de que eu os amo e oro com vocês. Vocês são queridos, são maravilhosos, são meus filhos que eu amo.

Maria, Mãe de Jesus

12

Sejam Gratos pelas Bênçãos Recebidas

outubro/1998

EU COMETI UM ERRO! A TODOS QUE RECEBERAM envelopes vazios em agosto, peço desculpas pela inconveniência. Estava tentando fazer tudo sozinha e, simplesmente, não consegui. De fato, é surpreendente o quanto podemos aprender com os nossos erros. Eu recebi a revista do tipógrafo quarta-feira à tarde, antes de nosso dia de portas abertas, 15 de agosto. Não achei que isso seria um problema. Byron não podia ajudar porque o telefone tocava o tempo todo. Ele perguntou se eu tinha quem me ajudasse, mas achei que poderia cuidar disso sozinha. Minha soberba e meu ego prevaleceram e, como sempre... a soberba precede a ruína. Pensei: "espere só até o Byron ver que posso perfeitamente fazer tudo isso, ah-ah". Na época, estávamos trocando o piso dos banheiros. Como sempre, uma coisa é feita e outra fica por fazer. Então, tivemos de chamar um bombeiro para consertar o dano causado durante a instalação do novo piso. Em meio a todas as interrupções e dúvidas, enchi envelopes, preparando-os para ser postados. Enviei entre cinqüenta e sessenta envelopes vazios.

Na segunda-feira seguinte, comecei a receber telefonemas de pessoas pedindo a revista, porque seus belos envelopes cor-de-rosa chegaram vazios. Vocês têm um ótimo senso de humor. Todos foram muito educados e gentis em relação a isso. A maioria das pessoas culpou a agência de correio. O erro não foi dela, foi meu. Novamente, peço desculpas. Na próxima vez, pedirei ajuda e não tentarei fazer tudo sozinha. Pode-se dizer que isso foi um carma instantâneo! Achei que mostraria ao Byron que poderia cuidar melhor do que ele do envio das revistas, e o Espírito me fez cair do pedestal. Eu realmente apreciei suas cartas pedindo-me para reenviá-las. Se estão se perguntando onde Byron estava, ele estava atendendo ao telefone, dando orientações, recebendo instruções e preparando a casa de B&A para os visitantes.

Pedir ajuda e dizer do que preciso é uma das coisas em que trabalho há anos. Achei que já sabia fazer isso, mas é evidente que não, porque ficou bastante claro para mim que ainda não aprendi totalmente essa lição. É hora de fazer novamente o meu inventário. Será que estou pedindo o que preciso em minhas orações? Provavelmente, não. A Virgem Maria disse que, como temos liberdade de escolha, Deus espera os nossos pedidos para nos atender.

Geralmente eu me meto em encrencas quando não peço ajuda. Não é que me ache maravilhosa ou esperta. É que não quero perturbar ou incomodar ninguém. Mas talvez tudo tenha a ver com a questão da auto-estima. Preciso trabalhar mais nisso. Novamente, agradeço a vocês por sua compreensão e seu bom humor ao pedirem suas revistas.

No dia 15 de agosto, a Virgem Maria fez sua aparição anual, o que acontece desde 1992. Nós tínhamos sido orientados a estar perto da água no pôr-do-sol. Nosso ponto de encontro agora é o lago Tenkiller, perto de nossa casa. Foi uma experiência muito mística. Este ano, uma menina de oito anos viu a Virgem Maria em forma física, em pé no lago. Maria falou com ela e lhe transmitiu cinco mensagens, algumas pessoais. Pediu-lhe para orar por todas as pessoas que viviam perto de praias porque coisas ruins iriam acontecer. Nossa amiguinha disse que a Virgem Maria também nos pediu que orássemos pela paz.

A Virgem Maria também me fez cinco pedidos, enquanto o sol girava e mudava de cor. Em primeiro lugar, pediu que orássemos por todas as crianças, as que vivem em áreas violentas e as que têm lares amorosos. Em segundo, pediu que orássemos por todos os adolescentes, porque atravessam uma fase difícil e perturbadora. Mais uma vez o pedido incluiu todos eles, independentemente de suas situações familiares serem ou não amorosas. Em terceiro, pediu que orássemos por todas as famílias do mundo. Especificamente, pediu que orássemos pelo fim de todas as guerras, rixas e disputas familiares. Em quarto, pediu que orássemos pela humanidade. Através de nossas preces podemos mudar a consciência racial. Em quinto, pediu que orássemos pela paz: para que a paz chegasse aos corações de todas as pessoas, fosse uma realidade em nossas famílias e instituições, e no mundo.

Como fazemos todos os anos depois que o sol se põe no horizonte, reunimo-nos em um círculo e partilhamos as mensagens recebidas. Terminamos o dia cantando "Amazing Grace" e "Let there Be Peace on Earth". Todos os anos foram diferentes, e contudo todos foram iguais. Todos os anos o sol girou e mudou de cor. Freqüentemente, têm havido globos de luz ao redor dele. No segundo ano e neste ano, menininhas viram a Virgem Maria. No segundo, duas irmãzinhas viram a Virgem Maria no céu. Este ano, uma menininha A viu em pé na água. A maioria das pessoas sentiu a presença de Maria e o amor e a paz que acompanham cada aparição.

Várias pessoas disseram que tiveram a sensação de que todos os presentes eram realmente uma família. Muitos anos atrás, a Irmandade nos pediu que abríssemos nossa casa e nossas meditações familiares ao resto de nossa família. Então, não admira que tenhamos sentido a conexão familiar. Nós somos uma família, a família humana, por isso acho que é hora de começarmos a amá-la incondicionalmente, deixar de lado os nossos preconceitos. Isso é simples, porém não é fácil. Não tenho dúvidas de que todos nós podemos fazer a nossa parte. Foi um fim de semana maravilhoso, e a Virgem Maria tornou tudo especial.

Annie

✧ ✧ ✧

MEUS QUERIDOS FILHOS, VENHO A VOCÊS COM AMOR. HOJE peço que se lembrem de quem são: os filhos amados de um Criador benevolente. Reconheçam as muitas bênçãos que compõem suas vidas, e sejam gratos por todas.

Vocês são abençoados com uma vida que está sempre fluindo, sempre mudando, e que sempre lhes pertence. São responsáveis por ela. Deus os abençoou com a liberdade de escolher viver como quiserem. Se acham que não estão vivendo como querem, descubram por quê. O que falta em suas vidas e o que pode ser melhorado? O que vocês podem fazer hoje para melhorá-las? Lembrem-se de que a vida é vivida de dentro para fora. Concentrem-se em suas vidas interiores: no que pensam, em quais são os seus padrões de pensamento e no que seus padrões de comportamento estão escolhendo para vocês. O modo como pensam é o modo como escolhem viver. Seus padrões de pensamento são os princípios que orientam suas escolhas. Seus padrões de comportamento demonstram como vocês pensam em seu íntimo. Isso é uma bênção, meus filhos. A bênção de ver por si mesmos para onde estão indo. E... a bênção de mudar suas vidas mudando suas atitudes, seus pensamentos, seus padrões de comportamento e suas crenças.

Vocês são abençoados com a capacidade de amar e ser amados. Todos os filhos de Deus têm esse grande dom e experimentam muitas formas de amor. Há o amor que experimentam na infância, de seus pais, irmãos, avós e outros membros da família. Quando crescem fisicamente experimentam o amor de amigos, professores e iguais. Começam a entender o mecanismo do amor. Então, na idade adulta, experimentam o amor de namorados (as) e cônjuges. Durante toda a vida, ao experimentarem o amor, espero que aprendam a amar e a aceitar a si mesmos. Quando vocês amam a si mesmos, podem realmente amar aos outros. Quando se tornam pais, voltam ao início, experimentando o amor de seus filhos. Amar e ser amado é uma das maiores bênçãos da vida, porque o amor é vivenciado quando vem para vocês, e parte de vocês. Reconhecer o amor de Deus, amando incondicionalmente, é a maior dádiva que podem oferecer a si mesmos e aos outros.

Vocês são abençoados com a capacidade de mudar. Sempre podem mudar muitas coisas em suas vidas — suas atitudes e seus padrões de comportamento e pensamento. Pode não ser fácil mudar essas coisas sozinho, mas sua outra bênção é que não têm de fazer isso sozinhos. Há ajuda. Deus, o Pai, está sempre pronto para ajudá-los, se o que desejarem for para o seu bem e o bem dos outros. Essa é uma bênção maravilhosa, porque significa que vocês não têm de viver em circunstâncias e situações horríveis. Podem mudar. Quando pedirem ajuda ao Pai que está dentro de vocês, serão conduzidos para as pessoas, organizações e instituições que podem ajudá-los a fazer as mudanças necessárias.

Vocês são abençoados com uma conexão direta com A Fonte de Todo o Bem, que é o Pai em seu interior. Através dela, recebem orientação. Mantenham essa linha de comunicação livre através de suas preces e meditações. Vocês nunca estão sós, estão sempre com Deus. Ele os respeita e ama o suficiente para permitir-lhes invocá-Lo quando quiserem. Nos momentos em que vocês se descuidam dessa comunicação, Deus continua a amá-los. Tudo que precisam é querer estar em contato com Deus, e Ele estará presente. Vocês receberão a ajuda que buscam de modos surpreendentes, miraculosos e rotineiros. Deus não os desapontará. Abençoa-os com sua capacidade interior de falar com Ele e ouvi-Lo. Deus sempre os ouve.

Vocês são abençoados com a capacidade de perdoar. Podem perdoar quando se livram das emoções negativas. Podem perdoar e esquecer ao ponto de jamais se lembrarem da mágoa, vergonha, culpa ou de outra emoção negativa. Podem perdoar a si mesmos. Têm essa grande capacidade e isso é uma bênção. Quando se esquecem das emoções e experiências ruins do passado, ficam livres para amar incondicionalmente.

Vocês são abençoados com a alegria. Têm a capacidade inata de experimentar a felicidade, o prazer e o contentamento, de ter prazer com coisas comuns, como o pôr-do-sol, o amanhecer, as florestas e as praias. Vocês podem ter prazer com as realizações, os talentos e o amor de seus familiares. Podem ter prazer com seus trabalhos, suas carreiras, seus passatempos e esportes. Vocês têm a capacidade inata de ver e apreciar o humor na vida. Têm tudo de que precisam para ser felizes. Não lhes falta coisa alguma. Se não estiverem felizes hoje, olhem para dentro de si mesmos para ver o que está impedindo sua felicidade.

Vocês têm a bênção de experimentar a paz, quando se livram das emoções e situações negativas. Ao se esforçarem para eliminar de suas vidas medos e fobias, tornam-se mais fortes porque podem realizar-se mais. Então a paz pode se tornar uma realidade em suas vidas diárias. Ser pacífico é perdoar, e vocês já sabem que podem fazer isso. Viver em paz é aceitar e amar a si mesmos e a todos incondicionalmente, é se fortalecer e permitir à humanidade trocar seu estilo guerreiro por uma consciência pacífica.

Vocês são abençoados com um mundo cheio de recursos maravilhosos. Há muita beleza nele. Há a mudança das estações, grandes montanhas, colinas onduladas, muitas regiões litorâneas e praias maravilhosas. Há muitos animais que vivem neste planeta com vocês. Há beleza na luz do dia e na noite, nos minerais e nas pessoas deste mundo. Há muitos tipos diferentes de folhagens e plantas para melhorar suas vidas. Vocês têm tanta beleza neste mundo que, para onde quer que olhem, a vêem.

Suas maiores bênçãos são vocês mesmos. São únicos e individuais, diferentes de todas as outras pessoas na Terra. Têm muitas habilidades e capacidades, e muitos talentos e poderes. Só precisam se permitir expressar todas as suas bênçãos e tudo o que são.

Todas essas bênçãos trazem a responsabilidade de cuidar de si mesmos, de seus entes queridos, de seus semelhantes e do seu mundo. Sejam gratos por todas essas bênçãos maravilhosas. Sua principal responsabilidade é orar, amar e viver em paz. Eu lhes peço que mantenham uma atitude de gratidão, porque são realmente abençoados e amados.

Maria, Mãe de Jesus

13

Promovam a Paz

dezembro/1998

ESPERO QUE VOCÊS TENHAM GOSTADO TANTO QUANTO *eu do Dia de Ação de Graças. Estou descobrindo que todos os dias são de ação de graças quando estamos realmente gratos por nossas bênçãos. Nos últimos anos, tornei-me cada vez mais grata. Talvez isso seja uma coisa da idade, mas sinto-me grata apenas por estar viva! Quando me dou conta da força vital de Deus fluindo através de mim, é difícil não sentir gratidão. Vocês são uma das minhas maiores bênçãos, e aprecio muito o seu constante apoio. Conheci pessoas ótimas enquanto viajava pelo país. Às vezes perco os endereços delas. É muito frustrante querer e não poder lhes revelar o meu apreço. Por isso, se algum de vocês estiver entre as pessoas a quem nunca enviei um agradecimento por toda a sua ajuda, provavelmente é porque perdi seu endereço e não consigo me lembrar de seu nome completo. Por algum motivo, posso me lembrar de conversas inteiras, descrever em detalhes uma pessoa, e não saber o seu nome. Quando perdi ou não consigo encontrar um meio de me comunicar com alguém, oro por essa pessoa, porque é o meu modo de me lembrar de sua amizade e dedicação. Através desta revista, envio-lhes os meus sinceros agradecimentos por me levarem de carro a aeroportos, me buscarem em aeroportos e pelas muitas outras maneiras pelas quais me ajudaram.*

Nesta época do ano, todos celebram o nascimento de Cristo. Este ano sinto que celebrarei a vida, não só o nascimento Dele. A Irmandade e a Virgem Maria disseram que Jesus veio para demonstrar todo o nosso potencial. Quando as pessoas se surpreendiam com as curas que ocorriam por seu intermédio, o próprio Jesus dizia que podíamos fazer tudo que Ele fazia, e coisas ainda maiores.

Jesus nos deu apenas um mandamento. Devemos amar a Deus com todo o nosso coração, todo o nosso pensamento e toda a nossa alma... e então, amar ao próximo como a nós mesmos. Eu me pergunto o quanto Ele deve ter ficado frustrado em saber que, dois mil anos depois, ainda não somos capazes de seguir este único mandamento. É claro que eu sei que Jesus é sempre amoroso e paciente, porque tive uma prova de Seu amor e Sua paciência. Mas ainda assim, isso deve ser frustrante.

Freqüentemente, expresso o meu amor por Deus e digo a Ele por que O amo. Na verdade, os motivos de eu amá-Lo também são as minhas bênçãos. Eu amo a Deus porque Ele é muito bom para mim. Sempre que precisei, contei com Ele. Amo a Deus por Sua força vital que flui através de mim e me torna única e individual; porque Ele nos deu um mundo tão belo para vivermos; por minha criatividade, demonstrada de muitas maneiras; porque pude realizar meu primeiro desejo sincero e objetivo... ser mãe, avó e bisavó e ainda jovem o bastante para apreciá-lo; porque Ele atendeu à minha oração por um marido e parceiro na vida amoroso, expansivo e que me apóia.

Hoje sou capaz de amar a Deus por todas as minhas experiências passadas, mesmo as de abuso e dolorosas. Este nem sempre foi o caso. Amo a Deus porque Ele me ajudou a superar a dor e a raiva, e a encontrar a paz interior e o perdão; por meu trabalho com a Virgem Maria; por todas as amizades maravilhosas que fiz através desse trabalho; por meus anjos da guarda, que se apresentaram disfarçados como amigos, terapeutas, médicos e outros seres humanos.

Eu poderia citar infinitos motivos, e muitas vezes o faço. Mas uma das coisas pelas quais amo a Deus é por enviar ao mundo seus muitos mestres, como Jesus; por Seus muitos ajudantes espirituais, como a Irmandade de Deus e os anjos; pelo despertar que ainda ocorre em mim e na minha família; por ter me permitido cometer erros e aprender com eles; por me ensinar a amar como Ele, incondicionalmente. Eu gostaria de poder dizer que amo todas as pessoas incondicionalmente, o tempo todo. Na maioria das vezes isso é verdade, mas há ocasiões em que as pessoas tornam difícil para mim amá-las dessa maneira.

Eu amo a Deus pelos muitos insights e pelas revelações que me proporcionou; por minhas percepções, como a de que sou mais do que meu corpo, minhas emoções, meus pensamentos, minhas crenças e minha inteligência. É muito libertador saber que sou mais do que vejo, que há objetivos maiores na vida do que posso ver, ouvir, sentir ou cheirar. Todos nós temos mais talentos ocultos do que imaginamos. Não é confortador saber disso? Para mim é. A própria noção de que há talentos maiores dentro de mim inspirou-me a usar os talentos de que tenho consciência. Quando me permito ser inspirada, tenho idéias mais criativas do que preciso.

Por isso, neste Natal prometo ser grata a Jesus por seu nascimento, Sua bela história, Seus ensinamentos, Suas curas e Sua vida.

Faço votos de que vocês tenham um ótimo Natal e/ou Hanuká. Espero que realizem todo o seu grande potencial interior, resolvam problemas e apreciem a vida; que a paz de Deus ilumine a sua busca; que a vida de Jesus seja um exemplo e uma diretriz para as suas vidas interiores; e que percebam todo o grande amor que Deus tem por vocês.

Até a próxima. Sua amiga de sempre,

Annie

✧ ✧ ✧

MEUS QUERIDOS FILHOS, VENHO A VOCÊS COM ALEGRIA E amor. Estamos nos aproximando da época em que vocês celebram o nascimento de Jesus. É uma época de alegria, de lembrar familiares e amigos. Espero que, em meio a todos os seus preparativos, vocês não se descuidem de suas orações e meditações. É importante que orem diariamente. É mais importante que meditem, porque este é um modo de prestar muita atenção a Deus, uma boa maneira de ouvir Sua voz silenciosa.

Muitos enfrentarão momentos de provação e pesar no ano que vem. O último ano do milênio é um tempo para deixar o passado para trás, de um modo ou de outro. Para quem não consegue fazê-lo voluntária e alegremente, isso pode ser traumático. Meus filhos, prestem atenção e ouçam a ainda pequena voz interior. Dêem-se tempo para ouvir Deus dirigindo-os. Muitos de vocês terão momentos bem mais fáceis no ano que vem. Não importa como estiverem as suas vidas, peço que todos se dediquem à oração. Insto-os a orar uns pelos outros, pelas crianças, pelos jovens, por seus entes queridos, vizinhos e colaboradores. Orem pela humanidade, porque é através da vida e das experiências de cada um que a humanidade se desenvolve e progride.

Orem para que a paz chegue aos corações de todos na Terra, para que as pessoas encontrem a paz que está além de toda compreensão, e descubram o amor que Deus tem por elas. Assim, vocês estarão fazendo muito para promover a paz no mundo. Esta é a sua missão, e a sua dádiva para a humanidade.

Quando Jesus nasceu, os anjos cantaram: "Paz na Terra." Ele oraram para que a humanidade tivesse boa vontade no coração. Esta ainda é uma boa oração, hoje. Muitos de vocês já fizeram as pazes com o passado, o presente e o futuro. Já vivem em paz. Enquanto continuarem a viver com serenidade e paz interior, estarão fazendo muito mais do que imaginam para promover a paz na Terra. É preciso um certo número de pessoas para criar a massa crítica necessária para que a paz irrompa na consciência da humanidade. Por isso, cada oração, ação e vida pacífica e amorosa é da máxima importância.

Meus filhos, façam tudo que puderem para viver em paz. Se vocês tiverem raiva, medo e outras emoções negativas em seus corações, façam o possível para se livrar delas. Depois, façam o possível para promover a paz, o que certamente podem fazer através de suas orações e de seus relacionamentos harmoniosos com outras pessoas. Podem ser responsáveis por sua paz interior e ter vidas pacíficas. Vocês têm uma capacidade inata de viver pacificamente. Só se esqueceram de como fazê-lo. Deixaram o orgulho e a soberba prevalecerem. Portanto, não se eximam de sua responsabilidade de promover a paz através de ações amorosas e compassivas. Sempre que vocês se recusam a julgar os outros severamente, buscam a solução para um problema, uma condição ou uma questão, promovem a paz.

Construam cuidadosamente um relacionamento pacífico e harmonioso consigo mesmos. Muitas pessoas se julgam com muita severidade. Sejam gentis e bondosos consigo mesmos e o serão com os outros. Tratem-se como gostariam de ser tratados. Assim, treinarão para ter relacionamentos harmoniosos consigo mesmos e descobrirão que este é o seu modo natural de tratar os outros e demonstrar o amor de Deus. Uma vida pacífica pode ser uma realidade na Terra; é preciso muitas, muitas pessoas tendo uma vida pacífica, amorosa e sem julgamentos para que ela seja uma realidade para todos.

Quando vocês viverem em paz e com amor incondicional, terão uma alegria inimaginável e profundamente gratificante, que se expressará em boas ações. A alegria de Deus nos faz ter prazer com os pequenos atos da vida. Então será um prazer respirar, ver, ouvir, relacionar-se com os outros, comer e fazer tudo que o corpo precisa para viver na Terra. A alegria será a sua composição natural. Seu humor será amoroso. Hoje as pessoas fazem comentários depreciativos para sugerir humor. Se isso for prejudicial a alguém, não será um humor alegre. A alegria é amorosa, compreensiva e pacífica.

Durante este período de festas, lembrem-se do nascimento de Cristo e esqueçam-se de tudo que não promove a paz e a alegria verdadeira e incondicional. Esta é uma boa época para vocês se batizarem com um novo nome — também podem se chamar Emanuel, ser pessoas pacíficas e compreensivas. Deixem o Espírito da Verdade vibrar dentro de vocês. Deixem-No mantê-los motivados a ser pacíficos e viver no Espírito de amor incondicional. Batizem-se para promover uma comunicação constante com seu Criador.

Permitam que a boa vontade sentida nesta época do ano se estenda a todos os dias de suas vidas. Quando vocês tiverem uma oportunidade de reagir com raiva, lembrem-se de seu novo nome; estão aqui para trazer paz para seus corações, suas vidas e seu mundo.

Meus filhinhos, não se preocupem com o próximo desastre, nem onde ocorrerá. Dediquem todas as suas energias e intenções, e todos os seus esforços, à promoção da vida amorosa e pacífica. Façam o melhor possível para estar prontos para qualquer eventualidade, e então permaneçam fiéis à sua nova motivação, ao seu novo nome. Façam tudo com uma atitude de amor e paz. Respeitem todas as pessoas e suas crenças, suas escolhas e seus estilos de vida. Não façam comentários depreciativos ou julgamentos severos ao lidar com elas. Tentem negociar a paz em todas as situações de conflito. Dissipem toda a raiva e os medos antigos. Quando vocês estão com Deus, não têm nada a temer. Tudo é um ambiente Divino. Permitam que todas as suas intenções sejam boas, que todos os seus pensamentos e comportamentos sejam bons. Só trabalhem pelo bem da maioria. Mas sejam bons consigo mesmos. Sejam bons com seus entes queridos e dêem-lhes a liberdade que Deus lhes dá. Vocês são livres para viver com paz, amor e alegria, para escolher a bondade ou a maldade, a guerra ou a paz. Façam as melhores escolhas. Podem fazê-las. Eu confio em vocês.

Maria, Mãe de Jesus

14

A Verdadeira Paz É Viva

fevereiro/1999

ESPERO QUE VOCÊS TENHAM UM ÓTIMO ANO. NÓS começamos o Ano Novo com nossa "Cerimônia de Queima" anual. Mantemos em nossa casa uma cesta com todas as orações com pedidos que as pessoas enviam por correio, fax ou telefone. Nas tardes de domingo, nosso grupo de meditação se reúne. Nós colocamos a cesta em nosso círculo de orações. Durante a semana, oro por todas as pessoas cujos nomes estão na cesta, e no domingo o grupo ora.

Na última semana do ano, ou às vezes no primeiro domingo do Ano Novo, queimamos todas as orações com pedidos, como um símbolo de nosso desejo de entregá-los a Deus. Para ser justa e permitir àqueles que escrevem após o Halloween ter as suas orações com pedidos na cesta durante um ano inteiro, guardo esses pedidos e só os coloco lá após a queima. A Virgem Maria e a Irmandade nos instruíram sobre a necessidade de esquecermos os pedidos para que sejam atendidos. Eu fico recebendo esta mensagem: "Esqueça-se dos pedidos." Quando vocês estiverem convencidos de que suas orações estão dizendo exatamente o que estão pensando, é hora de entregá-las a Deus. Eu prefiro falar para Deus tudo sobre aquilo ou aquele pelo qual estou orando. Falo o óbvio, o que espero e o que quero dizer com as palavras que estou usando. Então, quando me convenço de que não deixei nada de fora, entrego o pedido a Deus.

Mas, voltando à cesta de orações, como os pedidos nela não são meus, seria presunção da minha parte tentar decidir o que as pessoas desejam ou precisam. Por isso, simplesmente escrevo seus nomes e os coloco na cesta, ou ponho suas cartas ou envelopes nela. Sinto que Deus ouve quando vocês oram, e dou apoio às suas orações. A Virgem Maria disse que a oração é acumulativa, e por isso acredito que todas as orações de apoio são úteis. Como nem sempre as pessoas me dizem se seus pedidos foram atendidos, precisava haver um tempo determinado. Um tempo para sua entrega a Deus. Escolhi o fim do ano.

Então, no domingo após o Natal, ou no domingo após o Ano Novo, realizamos uma cerimônia de queima. Nós nos reunimos como sempre e, depois da meditação, queimamos todas as orações com pedidos que estão na cesta. Além disso, queimamos calendários antigos ou listas de coisas que não queremos levar para o Ano Novo. Por exemplo, vocês podem fazer uma lista de antigos padrões de pensamento ou comportamento recorrentes como procrastinação, obsessões, auto-sabotagem ou simplesmente não seguir uma dieta. Nós relacionamos todas as coisas em que conseguimos pensar. Então as queimamos em nosso fogão a lenha. Vocês podem usar uma panela de aço inoxidável ou a pia da cozinha. Não importa onde queimem suas orações com pedidos e suas listas, o que importa é a intenção, o pensamento e a motivação por trás da queima. A propósito, tomem cuidado quando queimarem suas orações.

A Virgem Maria instou-nos a fazer uma lista de objetivos para o Ano Novo. Fomos instruídos a considerar todas as áreas de nossas vidas; família, carreira, espiritual, saúde, aperfeiçoamento pessoal, lazer, educacional etc. Segundo a minha definição, objetivos são todas as coisas, situações e atitudes que desejo em minha vida agora. Há um ano, Byron e eu conversamos sobre o que gostaríamos que acontecesse em nosso negócio, B&A Products. Eu estabeleci um objetivo de vendas, sabendo que na melhor das hipóteses era muito difícil de realizar. Simplesmente não parecia realizável na época. Durante o ano, nada mais foi dito sobre o objetivo e tampouco voltei a pensar nele. No final do ano, percebi que nós o havíamos ultrapassado.

Isso me demonstrou o poder da entrega. Estabeleci esse objetivo e orei de um modo bem informal para que o realizássemos. Então, achando que isso seria muito, muito difícil, esqueci-me dele. Lembro-me do que dizia a meus filhos: "Quem manifesta um pedido ao ver uma estrela, pode conseguir até a Lua." Que bom se fosse assim tão fácil abrir mão de outras coisas que pedimos em orações. Para mim, é mais fácil renunciar a esperanças que às coisas que realmente desejo. Então, continuo orando, sabendo que na hora certa conseguirei o que quero, ou algo melhor.

Com tudo isso, quero dizer que, se vocês enviaram orações com pedidos no ano passado e ainda desejam que oremos juntos, avisem-nos. Ficaremos felizes em fazer isso, sabendo que obterão respostas, ou seus pedidos serão atendidos do modo que será melhor para vocês.

Olhando para trás, vocês já não descobriram que muitas de suas orações foram atendidas de um modo melhor do que esperavam? Ou que, no começo, tudo pareceu estar dando errado? Nas novas mensagens que estão chegando agora, a Virgem Maria diz que às vezes Deus precisa nos preparar para sermos atendidos. Freqüentemente, Ela diz que temos de remediar ou esquecer velhos hábitos, padrões de pensamento ou apenas algumas de nossas "bobagens" para que nossos pedidos sejam atendidos.

Seja como for, toda a idéia por trás desta carta é lhes dizer que, se oramos juntos no ano passado e vocês acharem que ainda precisam do apoio de nossas orações, escrevam nos avisando. Se vocês se sentirem melhor desabafando, escrevam sobre isso. Se não quiserem nos dizer pelo que estão orando, tudo bem. Ninguém vê os seus pedidos por escrito, além de mim. Nós não tiramos os pedidos da cesta depois que os colocamos lá. Eu faço o máximo possível para manter tudo confidencial.

Nós lhes agrademos por seu constante apoio e suas orações. Isso é uma via de mão dupla. Eu os apóio e vocês nos apóiam. Envio-lhes o nosso amor. Até a próxima.

Annie

✧ ✧ ✧

MEUS QUERIDOS FILHOS, É COM GRANDE PRAZER E ALEGRIA que venho a vocês, e também com uma paz profunda e duradoura. Esta é a paz que vai estar além de toda compreensão. A paz que os espera. Nela há todos os componentes do amor de Deus... ausência de julgamentos, restrições e limitações. Há alegria... uma felicidade confortadora, profunda e duradoura. Há compreensão... que conforta, consola a alma e satisfaz o espírito. Há poder... o poder de superar o orgulho e a teimosia. Há força... a coragem para mudar as coisas em suas vidas que precisam ser mudadas. Há vida... uma vibração que eleva o espírito. Há serenidade... o silêncio da alma, e a tranqüilidade que aceita prontamente o que não pode ser mudado. Há gratidão... um profundo reconhecimento de todas as bênçãos.

A paz é mais do que o mero fim do rancor. A verdadeira paz é viva, assim como o amor é vivo. Muitos de vocês oram por ela, mas não têm corações pacíficos. Percebam que o que sabem sobre o amor é muito limitado. Não há nada de limitador na paz, enquanto tudo na guerra é limitador e destrutivo. Então, pensem que todo dia ocorrem muitas pequenas guerras em locais de trabalho, lares e, infelizmente, em igrejas. Essas pequenas guerras impedem a paz. Vocês a estão impedindo? Estão prolongando uma briga que talvez não tenha sido provocada por vocês? Vocês têm uma alma rancorosa e briguenta? Ainda julgam a si mesmos e aos outros severamente? Cobiçam o que as outras pessoas têm nos corações, nas almas ou nas vidas delas? Todas essas coisas prenunciam problemas maiores, que por sua vez causam guerras.

Meus queridos filhos, livrem-se dos sentimentos de mágoa e orgulho. Não deixem que nada os impeça de viver serenamente. A verdadeira paz é vivida em uma atmosfera de amor incondicional. A paz que está além de toda compreensão vem de um coração amoroso, compreensivo, e que perdoa. Quando vocês perdoam uma pequena ofensa, fazem um grande bem para a humanidade e para a Terra. Quando perdoam um grande mal causado por abuso e vício, fazem um bem maior ainda. A paz tem dificuldade em permanecer em uma vida raivosa. Ela vem de dentro de vocês para o mundo. Como podem falar sobre amor e harmonia e viver ressentidos com familiares? Quantos de vocês promovem a paz com corações dissimulados e raivosos?

Permitam que seus corações se curem de todas as feridas causadas por ofensas passadas. Esforcem-se ao máximo para pôr fim a velhas disputas, ficar em paz com seus familiares e semelhantes. Quando vocês fizerem tudo que puderem para viver tranqüilamente, o Espírito da Verdade e da Paz os ajudará. Muitos oram por paz, e agora é hora de vivenciarem suas orações. É hora de viverem em paz... a paz total, que nada exige e é amorosa.

Tentem trazer todos os componentes da paz para as suas vidas. Tornem-se pacíficos, deixando de julgar severamente. Resolvam velhas disputas com alegria. Vocês podem derramar lágrimas; elas serão boas e purificadoras. É melhor derramá-las do que escondê-las no fundo de seus corações. É melhor pôr fim às disputas e perdoar imediatamente do que viver com raiva e em guerra. Vocês podem começar a deixar a alegria da paz encher suas vidas.

Deixar a alegria da paz residir em seus corações é uma decisão. Vocês podem escolher viver assim pelo resto de seus dias na Terra, ou não tomar essa decisão e permitir que suas vidas sejam levadas pela corrente. Quando vocês não fazem uma escolha, ficam à mercê das circunstâncias. São levados pela corrente como madeira flutuante, sem ter qualquer controle sobre suas vidas. Permitem que as escolhas, as situações e circunstâncias de outras pessoas os conduzam. Meus filhos, é hora de vocês assumirem o comando de suas vidas, de escolherem a paz, em vez de a guerra. É hora de se decidirem e assumir a responsabilidade de mudar o modo como a humanidade pensa, sente e reage.

Vocês querem paz na Terra? Então vivenciem esse desejo todos os dias. Querem ser felizes? Deixem a alegria, que é parte da paz, ditar suas reações às circunstâncias da vida. Querem ajudar os outros? Deixem a concórdia vir a este mundo através de seus corações, suas decisões e suas vidas. Ela vem à Terra através de vocês. Ela é cheia de contentamento, amor, compreensão, poder e força para enchê-los de determinação de vivenciá-la diariamente.

Tornem a compreensão de Deus seu modo de se relacionar com as outras pessoas. Façam tudo que puderem para compreendê-las e, quando não conseguirem, aceitá-las. Quando vocês aceitam as pessoas pelo que são, em vez de pelo que podem fazer, dar ou proporcionar para vocês, amam incondicionalmente. Deixem que a alegria da paz os fortaleça. Ela deve vir do eu interior. Se vocês se concentram em seus exteriores, não fazem mudanças profundas, que podem conduzir vidas da guerra para a ausência de conflito. Ser pacífico é mais do que parecer sereno, mais do que evitar as questões difíceis. Ser pacífico é ter o poder de tomar uma decisão e vê-la manifestar-se na própria vida. É apreciar a vida e tentar torná-la um exemplo vivo do amor, da paz e da verdade de Deus.

Meus filhos, prestem atenção a estas palavras. Guardem-nas no fundo de seus corações. Sejam pacíficos agora. Permitam-se o prazer de viver no júbilo da paz, reconhecer a compreensão que vem com ela e a força que é parte dela. Vocês podem viver dessa maneira. Comecem concentrando-se em purgar seus corações e suas mentes de tudo que não lhes traz concórdia. Reconciliem-se com o passado, o presente e o futuro. Isso significa deixarem de ter mágoa e raiva, de temer que qualquer evento ou situação do passado lhes tire a tranqüilidade. Também significa concentrarem-se em permanecer pacíficos. Perdoem imediatamente, amem incondicionalmente e tenham coragem e força para realizar as mudanças necessárias para que vivam serenamente. Vocês podem fazer isso, meus filhos. Procurem em si mesmos a centelha ou chama da paz que reside bem dentro de seus corações.

Vocês estão em minhas orações e em meu coração. Eu os amo como Deus os ama.

Maria, Mãe de Jesus

15

Orem pela Paz

abril/1999

A PRIMAVERA NÃO É MARAVILHOSA? FOI APENAS QUANDO *vi os primeiros narcisos e jacintos que percebi que estava em um estado de profunda melancolia há semanas. Havíamos feito algumas mudanças em nossas casa e empresa. Nosso filho, James, e a noiva dele, Amy, foram morar e trabalhar conosco. Eu estou muito grata por eles terem entrado no negócio para nos ajudar, porque há muito a fazer, e gostaria de conseguir adaptar-me facilmente.*

Tive de fazer alguns ajustes internos: atitude, consciência, pensar antes de falar. Minha natureza ativa está viva e bem. Realmente adoro ter James e Amy aqui. Eles trazem energia, vitalidade, divertimento e prazer para o nosso dia-a-dia. Estou aprendendo a ser mãe sem maternalizar, algo que cedo ou tarde os pais terão uma chance de aprender. Também estou aprendendo a guardar minhas opiniões para mim mesma, e a deixar os outros serem como são.

Como vocês já sabem, tive de aprender a estabelecer limites e a falar abertamente quando preciso de algo. Estou treinando isso de novo, e vocês achariam que finalmente eu tinha conseguido. Durante toda a minha vida tive o que o meu terapeuta chama de comportamento agressivo-passivo. Muitas mulheres de minha geração aprenderam a tê-lo com especialistas — as próprias mães e avós. Eu me dei conta de que minha mãe nasceu no final da era vitoriana, quando as mulheres educadas não diziam coisas impróprias, apenas demonstravam com seus comportamentos que estavam descontentes. Se não me policio, repito involuntariamente esses comportamentos. Torno-me calada ou ríspida, principalmente com meu marido e filho. Faço todos os tipos de comentários ferinos, em vez de falar com uma voz calma e amorosa. Estou reaprendendo a expressar a minha verdade, falar clara e concisamente o que preciso com uma voz amorosa. Orgulho-me de dizer que deixei de culpar os outros.

Durante alguns dias, minhas reações às mudanças certamente foram irracionais e não amorosas. Isto me incomodou e fez com que eu me sentisse má e irritada. Então, rezei por mim. Meditando, ouvi: "Você defende e estressa a sua família. Agora é hora de encontrar novos modos de lidar com ela." Acho que isso significa que devo substituir o meu comportamento agressivo-passivo por um comportamento amoroso e compassivo. Espero não ter me comportado desse modo com Amy, mas me comportei com Byron e James. É assim que a coisa funciona: nós nos sentimos tão à vontade com os nossos familiares que esperamos que eles saibam o que estamos sentindo sem que precisemos dizer. Isso me faz parecer uma rematada bruxa, mas a verdade é que eu era muito pior. Hoje percebo quando estou sem paz.

Então, há essa melancolia que é como uma nuvem. Não sei quanto dela se deve às mudanças que estão ocorrendo rapidamente e quanto se deve à fibromialgia. Isto realmente não importa. Saí do meu estado de paz, e agi com raiva em vez de amor. Então isso me levou de volta a uma lição básica sobre a paz. Tenho de praticá-la e fazer o que for preciso para voltar ao meu estado mental de serenidade.

Eu não gosto de não ter paz, isso é ruim, desconfortável e faz com que eu me sinta uma pessoa má. Há sentimentos que erguem uma bandeira vermelha para mim. Eles dizem: "Atenção! Atenção! Você não está pacífica, o que aconteceu?" Então, começo a olhar para dentro de mim mesma e vejo o que está acontecendo. Tenho sido abençoada com muitos ótimos amigos, em Dallas e em Oklahoma. Ajuda-me falar sobre o que sinto com um ou dois deles. Uma das coisas que acontece comigo é que fico confusa e não consigo ver o que realmente está me incomodando. Falar com um bom amigo me ajuda a descobrir o problema real. Quando sei qual é, posso tomar decisões, mudar de atitude e encontrar modos de lidar com as coisas. Na maioria das vezes, uma mudança de atitude ajuda muito. Freqüentemente, faz desaparecer o que eu achava que estava me incomodando. Digo a mim mesma: "Eu não estou sendo pacífica ou amorosa agora. Estou tomando a decisão consciente de ser pacífica e amorosa ao lidar com esta situação." Digo isso até conseguir.

Não foi Lincoln quem afirmou: "As pessoas são tão felizes quanto decidem ser", ou algo assim? Lembro-me de que sempre tenho uma escolha. Diariamente, posso escolher me zangar e enraivecer ou ser pacífica e amorosa. Posso escolher ser feliz e ver o bem em minha vida, caso contrário incorrerei em meus velhos hábitos e verei o mal em tudo. Viver em paz é uma escolha consciente, que exige que eu fique atenta, seja honesta e me concentre no que estou fazendo em minha vida interior e não no que meus familiares estão fazendo. Sou responsável por cuidar de mim mesma. Isso deixa a minha família livre para lidar à sua própria maneira com seus problemas e suas pressões.

Então, agora que a primavera chegou e tudo começa a florescer, sinto-me ótima. Realmente isso é como ressuscitar. Deixei para trás o meu velho eu melancólico e briguento e sinto que adquiri uma nova consciência de minha natureza pacífica. Sou realmente abençoada com uma família amorosa.

A Virgem Maria insta-nos a viver pacificamente. Eu descobri que tenho de fazer um esforço combinado para recuperar a tranqüilidade quando percebo que estou me sentindo má e hostil. Freqüentemente, é contra mim mesma que estou lutando. Às vezes as coisas ficam difíceis, geralmente quando minha mente não está funcionando bem e não estou consciente de minhas reações. Nós não podemos disfarçar isso. Nos anos 70, ouvi pessoas dizerem: "Apenas disfarce." Isso não funciona agora. É a hora da verdade. Para trazer a paz para o mundo, cada um de nós precisa observar as próprias reações, os próprios atos, pensamentos e relacionamentos, para se certificar de que está agindo a partir de uma natureza pacífica e amorosa. Isso exige que sejamos totalmente honestos com nós mesmos e recuperemos rapidamente a paz interior perdida. Seja como for, é isso que está acontecendo comigo. Eu realmente aprecio a amizade e o apoio de vocês. Desejo-lhes o melhor e oro para que estejam tendo vidas maravilhosas. Até a próxima. Sua amiga de sempre,

Annie

✧ ✧ ✧

MEUS QUERIDOS FILHOS, VENHO HOJE COM O PEDIDO DE que aumentem seu tempo de oração e meditação e de que orem pelas áreas devastadas por guerras. Muitos estão sofrendo desnecessariamente por causa de opiniões políticas. Isso é verdade em relação a muitas áreas no mundo. Vocês têm conhecimento de uma delas, ao longo do mar Adriático. Sabem que minhas aparições na Iugoslávia ocorrem há anos. Eu amo essa área e oro para que as pessoas vejam as semelhanças, e não as diferenças em suas vidas. Muitos tentam se beneficiar em detrimento dos outros. Contudo, nessa área muitos são fiéis e leais a Deus. Orem por todas as pessoas, não importa a que facção pertençam. Não orem para que um lado ganhe e o outro perca. Orem para que as pessoas tentem viver em paz, para que sejam iniciadas negociações que unam os dois lados com este objetivo.

Orem por todas as pessoas do continente africano, porque elas também enfrentam vários desafios. Há grande sofrimento em muitas nações. Refiro-me não só ao sofrimento físico, mas também ao espiritual. As pessoas sofrem quando são, de algum modo, escravizadas. O espírito pode florescer nas condições mais terríveis, mas vocês, que possuem o bastante e têm tempo e energia para ajudar os outros, devem fazê-lo por meio de orações.

Muitas vezes, as pessoas acham que orar não é o bastante. Contudo, é a oração que faz o maior bem e causa as maiores mudanças na consciência da humanidade. Quando vocês oram, transmitem seu amor, seu interesse, sua esperança, sua energia, seus pensamentos e seu espírito. E ainda acham que isso é muito pouco. Quando as pessoas oram em massa por alguém ou algo, há a unidade que inspira a pessoa ou situação. Orem com fervor, pondo seus espíritos e suas energias em suas orações. É assim que ajudam mais.

Quando vocês orarem por essas áreas devastadas por guerras, não falem sobre como essa situação é horrível. Mantenham sua fé na Bondade de Deus. Tentem ver o interesse e o amor que as pessoas têm por seus semelhantes, sejam quais forem as circunstâncias. Abandonem seus julgamentos e deixem que suas mentes se encham de esperança de um bom resultado. Assim, vocês se abrem, e abrem suas vidas, permitindo que suas orações adquiram mais poder. Seu país está tentando consertar outro, que considera errado. Parem de achar que este país está certo e aquele país está errado. Não culpem o país e seu povo. É a política e a vontade de uns poucos que causam o sofrimento de muitos.

Vocês ajudam, quando oram. Ajudam mais do que podem compreender. Vocês são parte da humanidade. É sua responsabilidade e seu dever orar pelos seus semelhantes. Muitas pessoas prefeririam doar algo: dinheiro, alimentos, roupas, coisas tangíveis. Em muitos casos, isso é bom e necessário. Mas, com orações, vocês doam mais do que apenas produtos; doam através de seus espíritos. É o espírito que pode oferecer as dádivas de vida, bondade, unidade e amor. Então orem, essa é a maior dádiva que podem oferecer aos outros.

Meus filhinhos, peço-lhes que doem com seus espíritos e sua verdade, porque assim doarão com seus corações. Vocês podem evitar muitas catástrofes com suas orações, mudar o rumo da humanidade. Juntos, podem mudar a consciência quando usam as dádivas do espírito, como ao amarem incondicionalmente. É por isso que eu lhes peço que não façam julgamentos, não falem sobre o horror da situação. Em vez disso, peço-lhes que amem todas as pessoas, mesmo aquelas que estão causando a guerra e aquelas que estão participando da guerra.

Façam com que seus pensamentos, suas intenções e suas motivações sejam de paz. Façam isso não só por si mesmos e entes queridos, mas também pela humanidade. Pensem em termos pacíficos, em suas vidas interiores e em seus relacionamentos com os outros. Onde houver controvérsia ou animosidade em suas famílias ou entre seus amigos, façam tudo que puderem para que sejam encontradas soluções pacíficas. Onde houver qualquer tipo de conflito, tentem negociar conclusões pacíficas. Para haver paz no mundo, seus habitantes devem começar a viver diariamente em profunda paz interior. Esse é o único modo de a paz vir ao mundo.

Quando vocês vivem em paz, pondo um fim a todas as disputas, resolvendo todas as questões e perdoando tudo que os afasta dela, levam a consciência humana na direção da bondade e da paz. Quando percebem que todos são amados por Deus, o Pai, ajudam a levar a consciência da espécie humana nessa direção. Vocês têm a capacidade de fazer um grande bem para o mundo, apenas vivendo em paz. Têm a capacidade de orar com todos os seus espíritos, todas as suas almas e todos os seus corações. Cada um de vocês pode fazer muito para incutir a paz na consciência humana. Nunca se sintam impotentes, porque através de suas orações, e especialmente quando se reúnem para orar, podem trazer paz para o mundo.

Então, muitos de vocês desejam fazer coisas importantes para a humanidade. Querem ir para outros países ou outras cidades ensinar, tocar música ou pregar, quando só precisam viver com profunda paz interior e serenidade. Eliminar a raiva antiga não resolvida, enfrentar e vencer o medo, e perdoar quem os magoou é o melhor modo de vocês fazerem coisas importantes. Passar um tempo orando em silêncio é uma das melhores dádivas que podem oferecer. Não é preciso atravessar o país para promover harmonia. Se tentarem promovê-la por meio de meios mecânicos, fazendo e dando coisas sem ter paz no coração, desperdiçarão seu tempo e suas energias. Vocês devem vivenciar o que querem dar aos outros.

Sejam gratos pela paz que já alcançaram. Deixem seus corações se encherem de gratidão pelas coisas simples — a continuidade da vida, a mudança das estações, o riso e a alegria, que são parte de suas vidas. Sejam gratos pelo amor de Deus por vocês; pelos talentos e pelas vidas que têm. Sejam gratos por todas as coisas, e com gratidão em seus corações encontrarão modos de ter vidas interiores pacíficas e alcançarão a grande serenidade trazida pelas orações.

Vocês podem fazer muito no silêncio de suas mentes, nas meditações de seus corações. Eu confio em vocês. Não lhes pediria isto, se fosse impossível que o fizessem. Vocês são mais capazes do que imaginam. Eu os amo muito.

Maria, Mãe de Jesus

16

Conclave para a Paz

junho/1999

É EXATAMENTE QUANDO EU PENSO QUE JÁ ENTENDI QUE *recebo as maiores e mais difíceis lições. Talvez este seja o meu modo de conseguir aprender, ou apenas o modo como as coisas são. Felizmente, um dia, em um futuro próximo, poderei partilhar essas lições muito dolorosas e difíceis com vocês. Por enquanto, peço que orem por mim e por minha família. Antes que vocês dêem asas à imaginação, asseguro-lhes que Byron e eu estamos fortemente unidos em um casamento muito amoroso.*

Alguns dias atrás, recebi um ótimo e-mail onde estava escrito na linha de assunto: "Annie, afinal de contas você é humana." Eu tenho consciência de que estou tendo uma experiência humana. Isso nunca foi um problema para mim. Lembro-me de que sou um espírito que está tendo esta experiência humana e que há mais em mim do que apenas esta vida. Durante algum tempo, pensei em minha vida como sendo minha vida espiritual, aquela que vivo eternamente agora. Em palestras, disse que provavelmente tenho nove bilhões e quarenta anos, e viverei só Deus sabe até quando. Não acredito que tive todas essas vidas diferentes e separadas. Acredito que o que a Virgem Maria disse em Suas primeiras mensagens é verdade... vivemos eternamente. Vivemos agora, não em uma data posterior ou após a morte.

O que eu vivo agora é apenas uma das muitas experiências de vida que tive na Terra, uma experiência humana repleta de felicidade e coisas boas, e também de sofrimento, raiva e medo... mas tudo isso é muito humano. Uma das coisas que podem acontecer com as pessoas abençoadas com as mensagens da Virgem Maria ou outras mensagens Divinas é começarem a se identificar com elas e com o Ser que as transmite. Graças a Deus isso não tem sido um problema para mim. Na verdade, ainda me pergunto como isso pôde acontecer comigo, não por falsa modéstia ou auto-estima baixa, mas por estar consciente de minhas fraquezas e reações humanas.

Uma pessoa não precisa receber mensagens Divinas para se tornar uma elitista espiritual. Conheci pessoas em religiões organizadas que são elitistas religiosas. É possível saber quem são elas porque acham que seu caminho é o único que leva a Deus e já fizeram o que era preciso para ser altamente religiosas — sabem das coisas e você não. E há pessoas que acham que "para ser espiritual" é preciso ler os livros certos, realizar as cerimônias e os rituais "certos", ensinar meditação ou "fazer algo" — consideram-se muito espirituais porque, afinal de contas, estão fazendo algo.

Certa vez, a Virgem Maria me disse que realizar uma conferência ou um workshop, ou dirigir um grupo de meditação não é o meu trabalho espiritual. Disse que é o meu serviço. Meu trabalho espiritual é eliminar a raiva não resolvida, vencer meus medos e resolver velhas questões familiares. Faço o meu trabalho espiritual quando deixo o Espírito de Deus trabalhar em mim, curar. Faço-o quando enfrento a verdade sobre mim mesma, minha vida e o modo como a tenho vivido.

Sinto que a separação entre quem sabe e quem não sabe das coisas não é espiritual. Acho que tudo que nos separa de nossos semelhantes é danoso ao nosso próprio espírito e ao espírito da humanidade.

Deus/Espírito sempre se manifesta para mim. Justamente quando eu penso: "Obrigada, Deus, acho que finalmente entendi", recebo outra lição, em geral relacionada com a minha família de origem e/ou a minha unidade familiar atual, constituída por meu marido e meus filhos. Não há nada como uma família sem paz e fora de sintonia para fazer você parar e refletir. Quando me relaciono com a minha família, freqüentemente tenho muitas dúvidas sobre como estou lidando com as coisas. Posso repetir o meu antigo comportamento de co-dependência ou me esforçar para não repeti-lo. Um bom amigo me lembrou de que quando eu me associo a pessoas co-dependentes, sinto-me mal, chata e pegajosa. Para mim, isso é um sinal de que as coisas não vão bem, não importa o quanto possam parecer boas. Às vezes demoro um pouco para perceber o que estou sentindo.

Parece que, assim que a Virgem Maria pede algo às pessoas, tenho o privilégio de sabê-lo em primeira mão. Deixei de ser uma rainha do drama há muito tempo. Agora, quando acontece algo dramático, sei que é o modo de o espírito obter rápido a minha atenção. Para mim, drama é sinônimo de tumulto. Então, quando ouvi pela primeira vez as palavras: "Realize um Conclave para a Paz", já estava em uma situação de pouca paz. Esforçava-me bastante para permanecer serena, embora em uma situação muito perturbadora.

Um dia, quando eu enfrentava "algo" que me tirava a paz, recebi um telefonema de um amigo de Dallas. Ele não sabia sobre a minha situação. Em nossa conversa, falou-me sobre o reverendo Leo Booth, um reverendo episcopal da Califórnia que trabalha na área de 12 passos/recuperação e escreveu vários livros. Esse reverendo tem um pensamento favorito que adotei: "Não seja agradável, seja autêntico." Eu ri e comentei que, freqüentemente, eu me meto em mais encrencas quando tento ser agradável. Nunca se viram em situações em que alguém tira vantagem de vocês, e dizem a si mesmos que isso realmente não importa e devem ser agradáveis? Eu já me vi. Então, agora só me esforço para ser autêntica. Prometi a mim mesma que, se não gostar de alguma coisa, vou falar abertamente. Esta é outra lição que ainda pratico.

Seja como for, neste momento estou reaprendendo a ser autêntica, o que para mim também significa ser humana. Nós vivemos para ter uma experiência bem real e humana. Há muito a dizer sobre sermos humanos. Isso nos traz muitas experiências boas, alegres e tristes. Considerando-se tudo, tem sido uma vida boa, e espero que continue a ser, apesar dos momentos difíceis.

Bem, até a próxima. Sua amiga de sempre,

Annie

✧ ✧ ✧

MEUS QUERIDOS FILHOS, VENHO NOVAMENTE A VOCÊS COM amor e paz. Enquanto cada vez mais pessoas oram pela paz, o tumulto se torna dramaticamente evidente. Não pensem nem por um minuto que suas orações não estão adiantando, ou que algo está errado. Para haver paz, há muito a perdoar e remediar. Precisamos de mais orações e menos julgamentos.

Em suas vidas pessoais, vocês podem experimentar o tumulto observado nos acontecimentos globais. Aquilo que precisa ser perdoado emerge de suas profundezas, de modo a ser verdadeiramente visto. Chama atenção para problemas, situações e pessoas que vocês precisam libertar com o perdão. Continuem a orar pela paz porque isso está dando certo. Orem para que todos os acontecimentos, tanto pessoais como globais, sejam vistos de frente. Não é sensato evitar a verdade, porque quando vocês sabem a verdade sobre uma situação sabem o que fazer e como agir.

No que diz respeito aos acontecimentos globais, perdoem por si mesmos e pela humanidade. Onde quer que haja uma tragédia que envolva várias pessoas, comecem imediatamente a perdoar. Vocês podem não ter sido prejudicados, mas a humanidade foi prejudicada. Como parte da humanidade, vocês podem iniciar o processo de perdão. Onde houver guerra, recusem-se a tomar partido; em vez disso, orem por todos os lados envolvidos, ao pedirem uma solução pacífica. É importante que orem por todas as facções envolvidas na situação.

Vocês podem fazer muito para acelerar o progresso da humanidade. Podem orar para que ela conheça a verdade — a verdade sobre qualquer situação e sobre todas as questões globais. Muitos de seus semelhantes estão sofrendo sem que o sofrimento deles seja mostrado. Há muitos lugares em que as pessoas estão sofrendo abusos, sendo atormentadas e mortas, assim como há muitos lares em que o abuso está ocorrendo agora. Muitas famílias estão sendo prejudicadas por desavenças entre irmãos, e por vícios. Há muitas circunstâncias em que as pessoas tiram vantagem umas das outras, e isso causa grande sofrimento.

Muitos precisam do apoio das suas orações, e vocês precisam do apoio das orações de seus semelhantes. Esse é o meu primeiro pedido. Orem como nunca oraram, por si mesmos e por seus entes queridos. Orem por aqueles que se opõem a vocês, e pelas pessoas ao seu redor que se comportam de forma não amorosa. Orem pelo mundo, sem julgar o que acontece nele. Orem pelo amanhã, pelo futuro. Orem pelas situações familiares, não importa se são alegres ou tristes, de amor ou medo, edificantes ou desesperadoras, justas ou injustas.

Agora, meus filhos, peço-lhes que participem de um "Conclave para a Paz", que se reúnam para orar pela paz, que preservem a imagem de famílias, cidades e povoações pacíficas. Com este objetivo, reúnam-se. Eu os convido a se reunir para um dia de paz. Falem sobre os problemas pessoais que os estão impedindo de viver em harmonia uns com os outros, e depois orem para que sejam solucionados. Entoem cânticos. A música permite expressar, de um modo harmonioso, o desejo de paz. Leiam poemas e exprimam pensamentos de harmonia. Falem sobre começar a viver em paz, caso ainda não tenham começado, e como já estão resolvendo e remediando situações e circunstâncias em suas vidas para alcançá-la.

Eu estarei presente nesse dia, em muitos lugares. Reúnam-se em igrejas, casas e lugares bonitos da natureza, perto de lagos, rios e oceanos, em campinas, no alto de montanhas e em desertos. Permitam-se ser pacíficos, por um dia. Quando dois ou mais se reúnem em nome de meu Filho, todos nós estamos no meio deles. Quando vocês realizam conclaves para a paz, fazem muito para aumentar este sentimento em indivíduos, famílias, cidades e países.

Sempre comecem por si mesmos. É hora de vocês serem pacíficos, tanto quanto puderem. Vivam em concórdia, e evitem as pessoas, circunstâncias e condições que lhes tiram a paz. É hora de vocês amarem todas as pessoas, sem se enredarem nas vidas delas. É hora de se libertarem, e deixarem as pessoas livres para encontrar a paz à sua própria maneira e no seu próprio tempo.

Eu os convido a escolher a paz. Mas entendam que ela nem sempre é como pensam. Muitas pessoas têm idéias preconcebidas sobre a paz. Assim como o amor, ela deve ser incondicional. Chega às pessoas de muitos modos diferentes. Meus filhos, lembrem-se de que, para terem vidas pacíficas, primeiro precisam resolver velhas questões que os impedem de viver em paz. Por esse motivo, no início, muitos de vocês sentem uma pontada de desespero. Isso é porque devem se livrar dos sentimentos de mágoa, orgulho ferido e raiva, das questões não resolvidas. Vocês podem descobrir muitas coisas ressurgindo das cinzas do passado para serem perdoadas e esquecidas.

Não se deixem enganar, esse também é o caminho para a paz. Portanto, vivam na maior tranqüilidade possível todos os dias. Permitam que cada dia comece e termine com uma oração, passe sem julgamentos e sem dúvidas. Quando familiares ou semelhantes estiverem vivendo em circunstâncias difíceis, deixem isso ser o seu chamado para orar com eles, em vez de falar deles. Falar só é útil quando serve para eliminar a raiva, o medo, o ressentimento e a inveja de suas vidas. Vocês não ajudam ninguém fazendo fofocas.

Usem suas palavras para curar, falar a sua verdade, enaltecer e abençoar. A primeira pessoa que deve ser curada é você; as únicas situações a remediar são as que o envolvem pessoalmente. O restante se cura por meio da oração. Falem o que é verdade sobre vocês; não deixem outras pessoas falarem por vocês. Em vez disso, assumam a responsabilidade por falar a sua verdade quando e onde for necessário. Muitas vezes as pessoas não querem falar o que estão realmente sentindo ou querendo. O medo fecha as suas bocas ou muda as suas palavras. O momento para vocês falarem a sua verdade é quando estão infelizes. Então é hora de olharem para dentro de si mesmos e ver o que realmente estão sentindo, o que os está incomodando. Não abrandem a verdade. Por favor, falem a sua verdade com tato e gentileza. Se isso não for possível, falem-na como puderem.

Unam-se a mim para orar pela paz. Estou feliz com a sua fidelidade. Muitos de vocês já assumiram o compromisso de viver pacificamente. Muitos têm trabalhado nas questões da vida terrena. Vocês podem fazer muito para trazer a paz para o mundo, através de suas próprias vidas. Lembrem-se sempre de que o meu amor os acompanha.

Maria, Mãe de Jesus

17

Aumentem Sua Fé

agosto/1999

PARECE QUE O TEMPO VOOU. É IMAGINAÇÃO MINHA, OU *este ano está passando rápido demais? No primeiro semestre, estive muito ocupada. Embora a minha vida seguisse um ritmo rápido, as lições continuaram.*

Aprendi algo mais sobre o perdão. Perdão e resolução não são a mesma coisa. Há uma divisão em nossa família, o que é muito doloroso. A outra pessoa e eu concordamos em que nos amamos — isso não mudou. Nós, que nunca tínhamos passado por isso no nosso núcleo familiar, agora enfrentamos um problema comum em muitas famílias. Eu comecei imediatamente o processo de perdão, mesmo sem me sentir muito disposta a perdoar. Extravasei meus sentimentos de raiva e mágoa causados por essa situação atirando dúzias de ovos em uma árvore. Agora, depois de vários meses trabalhando nisso, na maior parte do tempo estou em paz. Mas em alguns momentos ainda sofro por nossa família.

Logo depois do início das visitas da Virgem Maria, Ela me pediu para "viver Sua mensagem". No começo eu não sabia o que isso significava. Concluí que Ela estava me pedindo para orar, perdoar, amar etc. Maria também disse que eu deveria viver Sua mensagem à minha própria maneira. Parece que a minha família está me oferecendo uma grande oportunidade de dar um passo adiante no que diz respeito a viver a mensagem — recuperar a serenidade que perdi nessa situação difícil, perturbadora e aflitiva.

Este mês estou conduzindo um "Conclave para a Paz" em nossa casa. Perguntei-me como poderia conduzir algo relacionado com a paz, sem resolver esse problema. É um tanto constrangedor para mim concentrar-me na paz com esse tipo de coisa acontecendo em minha vida. Então, lembrei-me da primeira vez que a Virgem Maria me pediu para ensinar a "Paz" na minha própria cidade, naquele tempo, Dallas. Três dias antes do workshop sobre a paz, soubemos que nossa associação de bairro tinha movido um processo contra nós. Byron havia instalado uma pequena antena de radioamador, ao que eles se opunham. Um dia antes do workshop, falei para a Virgem Maria que não me sentia muito pacífica quando meus vizinhos estavam em guerra conosco. Ela me disse para ser honesta com as pessoas, e fui. Parece que essa ordem ainda se mantém, daí a honestidade, apesar do constrangimento.

Freqüentemente as pessoas acham que, devido às visitas da Virgem Maria, eu levo uma vida perfeita. Mas o fato é que continuo a viver sem muita intervenção Divina. Certamente esta não é uma vida utópica, mas está sempre melhorando à medida que continuo a "viver a mensagem".

Ainda estou aprendendo que amar incondicionalmente não significa tornar-me um capacho. Na verdade, agora que amo incondicionalmente sei cuidar melhor de mim mesma, embora tenha descoberto que posso recair em velhos e maus hábitos, como não dizer clara e calmamente o que quero no momento certo, achar que, ignorando algo que parece errado, o problema desaparecerá, e tentar ser agradável em vez de autêntica. Felizmente, aprendi muito bem a estabelecer limites. O amor que me permite ser forte é incondicional. Posso ser forte e entender que a outra pessoa, em uma disputa, tem um espírito igualmente forte.

Então veio a grande revelação de que perdão e resolução não são a mesma coisa. Como amo minha família incondicionalmente, por um lado foi fácil começar a perdoar e por outro difícil, devido à raiva e angústia. O obstáculo era superar a mágoa e todas as antigas questões ligadas a esse incidente. Voltei então ao primeiro passo — aprender a me amar — e, ao fazê-lo, cuidei de mim mesma pondo fim à situação. Devo admitir que se tivesse feito isso antes teria sido mais gentil e calma ao falar a minha verdade. Mas finalmente eu falei.

O perdão se tornou mais fácil quando eliminei a maior parte da minha raiva atirando ovos na árvore. Ainda estou trabalhando nesse processo. Acima de tudo, estou me perdoando pela forma como lidei com a situação. Se tivesse de fazer isso de novo, a única coisa que mudaria seria o modo como falei a minha verdade. Vocês já disseram a si mesmos que deveriam ter feito algo diferente do que fizeram? Descobriram que, freqüentemente, as melhores respostas lhes ocorrem depois? Depois de discussões, desejaram ter se expressado de modo diferente? Eu descobri que isso não traz paz, mas nos mantém obcecados com o ocorrido. Devo admitir que tenho tido dificuldade em deixar tudo para lá, e acredito de todo o coração que devo fazê-lo, para Deus trabalhar através de mim trazendo a cura.

A situação não está resolvida, contudo sinto-me em paz porque sei que estou passando pelo processo de perdão. Para haver uma resolução, as duas partes devem se unir. Mas nós não precisamos de outra pessoa para ter corações pacíficos. Novamente, sou lembrada de que só posso mudar a mim mesma e a mais ninguém, e de que tenho de trabalhar nisso.

Um dos pedidos da Virgem Maria foi que orássemos pelas famílias, porque muitas estão em guerra. Acho que é a isso que ela se refere. Não às lutas armadas, mas às disputas prolongadas, à nossa incapacidade de respeitar as outras pessoas e suas peculiaridades, e às nossas tentativas de corrigi-las. É possível ficar em paz em meio a disputas. Tudo tem a ver com trazer paz para o mundo a cada dia, um incidente, uma vida e uma família de cada vez.

Até a próxima. Juntem-se a mim, realmente orem para que todos nós tenhamos paz hoje. Quando oramos pela paz, podemos fazer uma diferença no mundo.

Annie

✧ ✧ ✧

MEUS QUERIDOS FILHOS, VENHO A VOCÊS COM AMOR E PAZ. Minha maior esperança é a de que tenham entendido totalmente o quanto são amados, e o que isso significa em suas vidas. Quando entenderem o grande amor que existe em vocês e ao seu redor, sua fé aumentará e poderão confiar totalmente em Deus.

A confiança total no amor de Deus aumentará muito a sua fé. Vocês terão a fé que move montanhas. Jesus tinha esse tipo de fé. Nunca achou que Deus deixaria de amá-Lo. Sua fé se baseava no pleno conhecimento da extensão e magnitude do amor do Pai. Vocês têm esse tipo de fé? Ela atinge suas almas e seus espíritos.

Acreditar e confiar totalmente em Deus é um bom modo de deixar a paz florescer em seus corações, suas vidas e seus ambientes. Façam tudo que puderem para ampliar a sua noção do amor de Deus. Acabem com o burburinho dos ressentimentos e das discordâncias. Parem de se lamentar e de julgar os outros. Vocês não podem entender totalmente o amor de Deus quando têm amargura, raiva, medo, inveja ou outras emoções desse tipo. Já passou da hora de deixarem isso de lado. Somente quando o fizerem Deus os ajudará, se pedirem a Sua ajuda. Mas lembrem-se, meus filhinhos, de que Deus não trabalhará por vocês, Ele só trabalha através de vocês.

Deus dá tudo sem restrições. Foi assim que lhes deu a liberdade de escolha. Ele não lhes contraria a vontade, a não ser que seja para o maior bem da humanidade. Todas as suas escolhas são respeitadas e aceitas. Por esse motivo, é importante que vocês façam suas escolhas individuais a respeito de suas vidas. Ainda lhes cabe agir para que Deus trabalhe através de vocês. A melhor ação é a do espírito. É manter a fé, acreditar que Deus os ajudará em tudo.

Muitas vezes, as pessoas se sentem desesperançadas enquanto oram. Isso é não ter fé, não confiar em Deus. Para

Deus, tudo é possível. Ele poderia refazer este mundo num piscar de olhos, recriar o universo no tempo que vocês demoram para respirar. Deus lhes dá a oportunidade de experimentar a vida através de suas escolhas. Vocês têm muitas opções para tornar suas vidas pacíficas, amorosas e alegres. Podem descobrir tudo de que precisam para viver, dentro de si próprios. Cabe-lhes aprender a usar sua fé de modo a aumentá-la.

Muitos anos atrás, Jesus disse que é preciso pouca fé para fazer coisas maravilhosas. Ele comparou essa quantidade de fé com um grão de mostarda. É muito pequena. Vocês podem aumentar sua fé usando-a, porque ela aumenta à medida que é usada.

Como usar a fé? Muitos de vocês a usam através da repetição de afirmações de fé. As palavras os ajudam a implantar o conceito em suas mentes e seus corações, de modo a que o assimilem. As afirmações de fé também os fazem se lembrar daquilo em que acreditam. Suas crenças são muito importantes. Com base nelas, vocês vivem e conduzem suas vidas. Portanto, não menosprezem a necessidade de aumentar sua fé, mas reconheçam a importância disso em suas vidas.

Reflitam sobre aquilo em que acreditam. Vocês estão vivendo de acordo com as suas crenças? Muitos não refletem sobre elas e, se lhes perguntam quais são, respondem de modos vagos, populares e gerais. Por isso, peço-lhes que reflitam sobre as suas crenças e reservem um momento de tranqüilidade para responder a essa pergunta. Isso os ajudará muito a descobrir se estão vivendo de acordo com as suas crenças.

Orem pedindo fé. Peçam a Deus que os ajude a aumentá-la, porque isso tornará suas vidas muito melhores. A falta de fé os deixa em situações desagradáveis. Deus os proverá segundo a sua fé. Se, bem no fundo de seus corações, realmente acreditarem que o que pedem é certo, possível, e melhorará suas vidas, serão atendidos.

Mas vocês perguntam sobre o que pediram em suas orações, acreditando que era certo, possível e melhoraria suas vidas, mas não receberam. Muitas coisas podem fazê-los perder a fé, mas essa questão parece ser a que mais os confunde. Às vezes, isso ocorre não por falta de fé, ou porque vocês não oraram corretamente, mas por uma inflexibilidade de sua parte em relação a como seus pedidos devem ser atendidos. Idéias preconcebidas e o desejo de receber algo do modo como vocês querem podem impedir a resposta para suas orações.

Meus filhos, quando vocês orarem, tenham fé em que a resposta para as suas orações virá do modo como Deus quiser enviá-la. Freqüentemente, vocês oram sem pedir tudo de que precisam. Então, Deus vê o que é melhor para vocês e todas as pessoas envolvidas na oração, e responde do modo melhor para todos. Revejam seus pedidos não atendidos; talvez já tenham sido atendidos de maneira muito melhor.

Deus não interfere em suas escolhas. Ele faz o melhor possível segundo a sua fé, o melhor para a situação e para toda a sua vida. Fiquem tranqüilos sabendo que, quando entregam algo nas mãos de Deus, a situação se resolve da melhor forma para todos os envolvidos, de acordo com as crenças de cada um.

Pensem nisto — é bem mais fácil confiar em um Deus amoroso do que em um Deus colérico. A Verdade é... que Deus é amor. Com Seu grande amor, Ele responde às suas orações. Perdoa-lhes tudo. Seu amor é Divino e incondicional. Vocês podem contar com Ele durante toda a sua vida.

Tenham fé em que, quando orarem para que as pessoas abram seus corações e suas mentes para a paz, serão atendidos. Em suas vidas, enfoquem a paz, o amor e a sabedoria. Seu enfoque é como vocês levarão suas vidas, segundo a fé de cada um. Nunca tenham medo, porque Deus está sempre tão perto quanto os seus corações. Ele os ouve quando O chamam. Tenham fé nisso.

Eu os amo, enquanto vocês seguem suas vidas. Obrigada por me ouvirem.

Maria, Mãe de Jesus

18

A Oração Traz Mudança

outubro/1999

NOVAMENTE TIVE A HONRA DE ABRIR AS PORTAS DE *nossa casa, e foi um enorme prazer rever amigos e patrocinadores. Tivemos o benefício adicional de fazer novas amizades. Agradeço a todos que se esforçaram para chegar cedo e tornar ainda mais memorável um fim de semana especial. Realmente aprecio toda a sua ajuda.*

A Virgem Maria *apareceu de novo. Muitos, inclusive eu mesma, tiveram o privilégio de vê-La. Os vários modos maravilhosos pelos quais Ela tem se mostrado para mim são sempre surpreendentes. Este ano, novamente vi a figura de* Nossa Senhora, *toda azul-turquesa com um matiz cor-de-rosa ao redor, como costumo ver. Sombras que revelavam os olhos, o nariz e a boca. Mais tarde, quando o sol se punha, eu A vi como se estivesse dentro de um camafeu, mas olhando para a frente, não de perfil. Desta vez, Jesus estava presente. Com o olho de minha mente, eu O vi à direita do camafeu. Durante todo o tempo em que observávamos o sol girar e mudar de cor, e eu vi a figura de Nossa Senhora, recebi mensagens auditivas. Jesus disse que veio como uma criança para me lembrar de que eu tinha de manter a inocência infantil. Achei que isso significava que eu precisava me manter inocente para realmente experimentar a paz e jamais duvidar de que estou em paz, não importa o que esteja acontecendo em minha vida.*

Durante o tempo em que vi Maria, recebi mensagens. Eu partilho essas mensagens, postas em meu coração para isso. Maria nos pediu que observássemos o 15º dia de cada mês como um dia de orações pela paz. Novamente, Ela me lembrou de que temos de começar a viver pacificamente. Eu me esqueci de uma mensagem, e talvez seja para você, que também orou conosco pela paz mundial naquele dia. A Virgem Maria disse que cada um de nós receberia uma revelação individual. Instou-nos a não fazer conjeturas sobre quais seriam essas mensagens. Disse que as receberíamos como uma idéia, um insight, um conselho ou uma sugestão, e que as reconheceríamos como uma revelação.

Um homem chegou exatamente quando recolhíamos os restos de nosso lanche. Ele estava viajando por uma rodovia, da Califórnia para a Georgia. Disse que não havia tido a intenção de vir, e não sabia por que viera. Sua esposa quisera vir, mas não ele. O homem parecia se sentir deslocado, mas ainda assim ficou. Justamente quando estávamos deixando o lago Tenkiller, depois da aparição, ele me disse: "Eu recebi a minha mensagem. Sei por que devia estar aqui." Depois, recebi um telefonema de uma amiga presente em uma das aparições anteriores. Tinha se submetido, recentemente, a uma cirurgia de pulmão e por isso não pudera ir este ano. Ela disse: "Eu orei e observei o pôr-do-sol. Vi o matiz cor-de-rosa no céu e soube bem em meu íntimo que seria curada. Foi apenas um conhecimento profundo." Assim, sem dizer a ninguém, as pessoas já estavam recebendo suas revelações.

Depois que o sol se pôs no horizonte, o grupo formou um grande círculo e terminamos cantando "Amazing Grace" e o que eu chamo de "canção da paz", aquela que diz: "Let there be peace on earth and let it begin with me" [Permita que haja paz na Terra e que a paz comece comigo]. É assim que Maria diz que a paz virá à Terra — através de nossas vidas individuais. É difícil descrever com meras palavras esse dia especial. Tantas coisas são sentidas, percebidas e concedidas de modos invisíveis! A presença da Virgem Maria foi muito poderosa.

Peço desculpas à senhora que nos escreveu dizendo que estava desapontada com o fato de que os eventos do dia 15 de agosto não constaram da revista daquele mês. Talvez eu precise dizer como fazemos a revista. Geralmente, escrevo a minha parte perto do final dos meses ímpares. Para agosto, Byron e eu escrevemos nossa parte na última semana de julho. Corrigimos o melhor possível o trabalho um do outro. Então, esperamos que a Virgem Maria nos transmita a Sua mensagem. Portanto, é impossível escrevermos sobre um evento que acontecerá no futuro. Byron põe a revista no formato que vocês a recebem. Depois, nós a enviamos por fax para o nosso editor, que corrige erros tipográficos ou gramaticais. A seguir, ela é enviada para um tipógrafo local. Então, etiquetamos, selamos e enchemos os envelopes. Trabalhamos nisso o mais rápido que podemos para que vocês recebam seu exemplar o mais cedo possível, geralmente no meio do mês. Espero que isso esclareça todos os equívocos.

Eu tenho tentado pensar no que estou aprendendo ou trabalhando agora. Parece que estou em um período de descanso. Depois do dia de casa aberta, fui para Dallas trabalhar com meu terapeuta, e isso pareceu me ajudar a completar grande parte do trabalho interior que eu tentava, a custo, realizar há meses. É bom ter recuperado o estado de paz interior e a serenidade. Trabalho nas questões de abuso sexual há 15 anos, e finalmente cheguei a uma conclusão satisfatória.

Não vou achar que agora "entendi isso" — de modo algum. É bom saber que a parte mais dolorosa terminou. Lembro a mim mesma de que ainda estou vivendo e respirando aqui na Terra, tendo uma experiência muito humana. Nas palavras de Gilda Radner: "Sempre é alguma coisa." Por esse motivo, espero voltar a ampliar o que sei vivendo as mensagens de Maria. Entretanto, este é um momento em que me sinto muito agradecida. Isso não é oportuno, justamente quando estamos nos aproximando do Dia de Ação de Graças?

Bem, até a próxima. Sua amiga de sempre,

Annie

✧ ✧ ✧

MEUS QUERIDOS FILHOS, VENHO A VOCÊS COM UM CORAção tranqüilo, porém preocupado. Estou feliz por tantos estarem atendendo ao meu pedido de que orem. Isso é muito importante em suas vidas individuais. Comecem e terminem cada dia orando. Nunca é demais repetir o quanto isso é importante. Muitas coisas acontecem quando vocês oram.

Esta é uma experiência interativa. Quando abrem seus corações e suas mentes para orar, também as abrem para Deus.

Deus tem a oportunidade de lhes dar mais de Seu espírito, Seu amor e Sua energia. Durante seus momentos de oração, muitas coisas ocorrem nos níveis invisíveis de suas vidas. Vocês podem achar que só experimentam a vida física exterior em que vêem com seus olhos, ouvem com seus ouvidos e sentem com seus corpos. Mas, na verdade, há muito mais ocorrendo bem no fundo de vocês. Já ouviram falar em pessoas com profundidade de caráter? Freqüentemente, quando lhes é indagado, elas respondem que passam um tempo em oração. Deus é capaz de aprofundar o ser e dar um significado muito maior à vida. A profundidade de caráter, alma, coração e mente ocorre quando vocês permanecem em oração.

Há pequenas mudanças acontecendo na consciência da humanidade. Para cada uma delas são necessárias muitas orações, de muitas pessoas diferentes. É por isso que é tão importante que vocês orem todos os dias, e eu lhes faço sempre esse pedido. Somente quando há mudanças nas vidas individuais é possível haver mudanças na consciência da humanidade. Sempre que vocês oram, sempre que seus pensamentos estão voltados para o bem, o amor e a paz, fazem uma diferença. Por esse motivo, peço-lhes que observem um dia de oração. A cada mês, reservem um dia para refletir, sentir e orar pela paz. Peço que façam isso no dia 15.

Mas permitam-se ser flexíveis. Se esse não for um bom dia para vocês, ou se esquecerem, não se censurem; simplesmente façam isso no próximo dia que puderem. Eu já disse muitas vezes que orar é falar com Deus. Vocês não podem passar um dia inteiro falando com Deus sobre tudo que os interessa, preocupa ou intriga? Não podem pedir Suas bênçãos para as pessoas que conhecem e amam? Não têm compaixão em seus corações para se preocupar com os sem-teto, os moribundos, as crianças e aqueles que sofrem os efeitos de desastres naturais? Não podem se lembrar das pessoas que ainda vivem em meio a abusos ou vícios? Não se preocupam com as pessoas que têm doenças crônicas e deficiências físicas?

Orem pela economia do mundo. Orem pelas escolas e pelos professores, porque eles têm a grande responsabilidade de ensinar às crianças não só lições, mas também como se ocupar cotidianamente. Orem para que os médicos e todos os cientistas usem sua integridade e seu know-how para ajudar as pessoas, e não só a si mesmos. Orem por cada fase da vida. As igrejas e os líderes religiosos precisam de suas orações para que tenham tolerância e mentes abertas. Orem pelas diferentes facções que se opõem à liberdade de pensamento, à liberdade para adorar a Deus.

Meus filhinhos, vocês têm feito uma diferença com as suas orações. Não é hora de pararem de orar. É tempo de orarem mais. Orem com fervor e bons sentimentos. Este é o melhor meio de ajudar a si mesmos, às suas famílias e à sua nação. Este é o melhor e maior bem que podem oferecer não só a si próprios e seus entes queridos, como também à humanidade. Assim como seus corpos são feitos de células individuais, a humanidade é feita de seres individuais. Quando uma parte de seus corpos se torna doente ou lesada, todo o corpo sofre. É o que acontece com a humanidade. Mas, além disso, assim com um corpo sadio pode se recuperar mais facilmente, a humanidade se recupera à medida que cada vez mais pessoas se tornam espiritualmente sadias. Suas orações ajudam a manter sua saúde espiritual.

Não prestem atenção à mídia. Ela adora se concentrar em escândalos e violência. Raramente os torna cientes das muitas pessoas que se importam com seus semelhantes, com os animais ou com o planeta. Muitas histórias são contadas de modo a deixar dúvidas sobre o que as pessoas boas estão fazendo. Quando vocês acreditam nestas histórias, estão vendo apenas as aparências. Meu filho, Jesus, disse a vocês, há dois mil anos, que não se preocupem com as aparências. O que Ele estava dizendo é que não devem ver somente o aspecto formal das coisas, mas enxergar além da primeira impressão. Ele os advertiu a procurar a verdade em todas as coisas. Quando vocês pensarem em suas orações, inspirem-nas com a sua fé. Vocês têm muito com o que se alegrar, e a fé é apenas um dos aspectos da alma que se desenvolve quando oram. Lembrem-se de que Jesus sempre dizia àqueles que o procuravam para ser curados: "Será feito segundo a sua fé." Quanto mais vocês orarem, mais se tornarão serenos e pacíficos. Não há força ou poder maiores do que Deus, e em suas preces vocês são imbuídos dessa grande força e desse poder. Quando oram para um Deus amoroso e zeloso, há a comunicação constante com essa grande Fonte de Bondade, Energia, Inteligência e Totalidade.

Muitas pessoas ainda oram com medo em seus corações, porque ainda acreditam em um Deus colérico e vingativo. Essa crença embute o conceito de que Deus poderia prejudicá-los. A Verdade é que Deus é como um pai amoroso para com seu único filho — a humanidade. Portanto, quando vocês eliminam os vestígios de raiva, medo, inveja, ressentimento e agravo de seus corações, ajudam a pôr fim aos infortúnios da humanidade. Estão praticando o bem, por isso, continuem a orar.

Um dos motivos pelos quais eu lhes pedi que reservassem o 15º dia do mês para orar pela paz é que as orações são cumulativas, e, quando um grande grupo concentra suas preces na paz está fazendo um grande bem para a humanidade. Por favor, façam tudo que puderem para atender a esse pedido. Se, por qualquer motivo, isso for impossível, comprometam-se a orar diariamente pela paz. Todas as orações são boas. Simplesmente falem com Deus, deixem-No ouvir suas preocupações, suas necessidades e seus desejos. Falem com Ele como falariam com um Pai ou uma Mãe que os ama. Certamente vocês podem fazer a sua parte para levar a humanidade a um milênio de Paz. Eu lhes agradeço por atenderem ao meu pedido, e os amo muito.

Maria, Mãe de Jesus

19

O Nascimento de Cristo

dezembro/1999

EIS-NOS AQUI NOVAMENTE, NO PERÍODO DE FESTAS. NO Dia de Ação de Graças, agradeci a Deus por todos vocês. Eu ainda faria este trabalho por Deus e porque adoro ser a mensageira de Maria. Mas vocês são como o glacê no bolo, e ser a mensageira de Maria é o bolo. Gosto muito de receber suas cartas, seus telefonemas e seus e-mails. Peço-lhes desculpas por não responder a todos. Não tenho uma justificativa para a minha atitude, exceto que escrever cartas nunca foi o meu forte. Agora, isso não é irônico? Parece que Deus usa as coisas de que eu não gosto assim como as de que gosto. O fato de que escrever cartas é uma das últimas coisas que faço sempre foi o modo do Byron "saber" que não sou eu que estou fazendo o trabalho, quando se trata de receber as mensagens.

Então, o que estou aprendendo agora? Que posso reaprender várias vezes uma lição, como a do amor incondicional, e ainda obter novas revelações, novos insights. Esse parece ser um tema sempre em desenvolvimento. Freqüentemente, ouço a Virgem Maria falar sobre o "fundo do coração", e achava que havia entendido o que Ela queria dizer, mas parece que agora estou entendendo melhor.

Como muitos de vocês sabem, nossa família enfrentou alguns desafios este ano. Nas últimas semanas, a Virgem Maria ensinou-me que, quando eu amo incondicionalmente, amo do fundo de meu coração. O fundo do coração nunca é partido ou ferido porque nunca julga. O coração fica partido, desapontado, sente-se traído e sofre. É no coração que temos culpa, remorso, raiva, medo e todas as emoções negativas. Mas o fundo do coração só ama.

É bom ter dois corações, principalmente quando não nos sentimos muito bem, e saber que o coração que tem emoções negativas pode ter amor incondicional, mas que existe outro, mais profundo, que sempre é puro e amoroso. Às vezes achamos que amamos incondicionalmente, e então algo ocorre e sentimos raiva, mágoa e outras emoções negativas, e nos perguntamos o que aconteceu. É neste momento que podemos nos lembrar de que temos outro coração, mais profundo, que não tem essas emoções negativas e de que somos espirituais, mas, enquanto estamos na Terra, também somos humanos. Quando alguém nos magoa, intencionalmente ou não, sentimos emoções fortes — não podemos evitar isso, é parte de nossa natureza humana. Assim, estou aprendendo a apreciar a minha natureza humana.

Durante o Natal, nós falamos muito sobre o amor e nos presenteamos na tentativa de expressá-lo. Mas, para mim, o melhor modo de expressarmos o nosso amor é continuar a amar os nossos familiares e amigos mesmo quando eles não agem com amor — quando agem com dor, medo, raiva ou ganância. É então que realmente amamos incondicionalmente. Com freqüência, em palestras que realizo pelo país, sou bem específica, relato um ou dois incidentes e digo que a pessoa em questão está em minha vida para me ensinar a amar incondicionalmente. Gostaria de poder dizer que já aprendi a amar dessa maneira, mas ainda estou trabalhando nisso. Posso demorar a vida inteira para aprender.

Novamente, eu reaprendi que devo me amar incondicionalmente, que a autocrítica severa é inútil. Não me leva a parte alguma. Lembro-me de que, em primeiro lugar, sou responsável por mim mesma. Cabe a mim me certificar de que minhas necessidades estão sendo satisfeitas. Cabe a mim criar limites e respeitá-los. Se eu cuidar de mim mesma, deixarei meus entes queridos livres dessa responsabilidade e então eles também estarão livres para ser como são. Tudo isso é parte do amor por mim mesma.

Mas, acima de tudo, acho que o Natal nos faz perceber como é importante respeitarmos os nossos entes queridos, as necessidades e os limites deles. Isso nos lembra de que, embora não possamos fazer as outras pessoas felizes se elas não o quiserem ser, podemos amá-las, respeitando quem são e como escolhem viver suas vidas.

Recentemente, a Irmandade transmitiu uma mensagem na qual falava sobre a nossa família. Não se referia a nossos pais, irmãos, filhos etc., mas à nossa família humana. Em Mensagens de Maria para o mundo, *a Virgem Maria disse que todos os indivíduos, de todas as raças, são nossos irmãos, e todas as religiões são nossas irmãs. Ela também disse que aceitar e apreciar é amar. Acho que chegamos mais perto dessa verdade no Natal do que em qualquer outra época do ano. Então, talvez seja assim que tudo começa, simplesmente com a aceitação.*

No livro, a Virgem Maria nos pediu que aceitássemos nossas diferenças e semelhanças. Quantos de nós aceitaram as diferenças em si mesmos e em seus cônjuges... ou em si mesmos e em seus irmãos? Isso é algo em que devemos pensar. Mas há um outro lado. Quantos em nossas famílias aceitaram as diferenças em nós? Não só temos de aceitar as diferenças entre nós e nossos familiares, como também aceitar que, às vezes, nossos familiares e conhecidos não aceitam as coisas que nos tornam diferentes deles.

Isso é uma simples questão do quanto queremos amar? Do quanto queremos ter paz em nossas vidas? Até onde estamos dispostos a ir para manter a auto-estima e paz interior? Eu sei que, quando aceitar as coisas que me tornam diferente de todas as outras pessoas, será mais fácil aceitar as diferenças nelas. Acho as diferenças curiosas e interessantes. Mas meu propósito para o Ano Novo é fazer tudo que puder para deixar de lado os meus preconceitos.

Desejo que vocês tenham ótimas festas, que fiquem em segurança com as suas famílias e tenham um Natal de alegria, amor e paz. Que o próximo ano e o novo milênio só lhes tragam experiências maravilhosas e uma continuação desse Espírito de Festas. Até a próxima. Sua amiga de sempre,

Annie

✧ ✧ ✧

Meus queridos filhos, venho a vocês com compreensão, paz e alegria. Mais uma vez é celebrado na Terra o nascimento de Jesus. Mas lembrem-se de que essa celebração é apenas uma lembrança do nascimento do Menino Jesus dentro de cada pessoa. A história do nascimento de Jesus é verdadeira, mas também pode ser usada como uma analogia. Dentro de cada pessoa está o filho de Deus, criado à Sua imagem e semelhança. Como Deus é espírito, vocês também são. Como Ele é bondade total, vocês também são, quando procuram dentro de si mesmos o lugar que meu filho, Jesus, chamou de "reino do céu".

O nascimento de Jesus cumpriu muitas das antigas profecias. Representou a vinda do que é novo. Jesus trouxe com Ele a luz. No início, Deus criou a luz. Mas Jesus trouxe a luz de modos mais intensos e novos. Ele disse muitas vezes: "Eu sou a luz do mundo, vós sois a luz do mundo." Não só Ele era a luz do mundo, como cada um de vocês traz consigo uma luz, que só deixa seus corpos quando suas almas partem. Vocês têm uma luz que devem deixar brilhar. Mas não podem deixá-la brilhar tendo no coração e na mente raiva, preconceito, ganância e medo. Sua luz não brilha quando vocês deixam seus eus humanos se encherem de orgulho da própria importância, ou começam a se achar melhores do que os outros. Todas as pessoas, não importa a cor da pele, foram criadas por Deus. Todas são parte da raça humana, são filhas de Deus.

Sempre que vocês quiserem, podem trazer ao mundo o Menino Jesus que está em seu íntimo. Cada um de vocês pode se tornar o filho amado de Deus. Isso exige que vocês amem a Deus acima de todas as coisas. Significa amá-Lo acima e além de suas crenças, seus ensinamentos religiosos, suas idéias preconcebidas sobre Deus, Espírito, Igreja e Criação. Significa amar a Deus além da própria compreensão, da própria vida e do próprio eu. Também significa aprender a se amar com sabedoria, e amar ao próximo como a si mesmo.

Eu lhes peço que, primeiro, aprendam a amar a si mesmos com sabedoria para ter uma boa idéia de quem são e de qual é realmente o seu valor. Então poderão amar ao próximo como a si mesmos. O próximo não é apenas aquele que vive perto de sua casa, mas que vive neste planeta. Comecem a ver cada pessoa na Terra como o seu próximo. Um bom ponto de partida é encontrar no coração a capacidade de aceitar as pessoas. Aceitação é amor em ação, é reconhecer a beleza das diferenças em cor de pele, tradições, culturas, valores e entes queridos.

Aceitar os entes queridos, amigos, conhecidos e as pessoas em geral como são é amar incondicionalmente. Aceitar que seus entes queridos nem sempre concordam com vocês, ou que seus amigos podem não ver as coisas de sua perspectiva, é amar sem julgamentos. Aceitar as pessoas sem tentar mudá-las ou corrigi-las é amá-las como Deus ama. E o que pode ser mais belo e energizante do que amar como Deus ama? Isso os energiza porque os exime da responsabilidade de monitorar ou observar os outros para ver se o que estão fazendo é "certo", de vigiar as coisas sobre as quais não têm qualquer controle. Também energiza as pessoas que vocês realmente aceitam, porque as deixa livres para agir e reagir segundo o eu interior de cada uma, e sem que tenham de se policiar para agir ou reagir conforme as especificações de vocês. Elas se tornam livres, e vocês também, em muitos níveis.

A aceitação é o primeiro passo para a paz. Para começar a resolver problemas, negociar e encontrar resoluções pacíficas para as guerras, vocês devem aceitar as diferenças e a bondade inerentes ao espírito humano. Por isso, neste período de festas, e relembrando o momento em que os anjos cantarolaram "Paz na Terra aos homens de boa vontade", peço-lhes que assumam o compromisso de aceitar a si mesmos como são, e de aceitar seus entes queridos e semelhantes como eles são.

Este é um momento de alegria, que chega para aqueles que estão livres para amar como Deus ama. Alegria é mais do que contentamento, mais do que felicidade. É viva, energizante e edificante. A própria alegria traz paz, amor e entendimento. Todos os Natais vocês cantam "Joy to the World," mas como pode haver alegria quando há sofrimento? Como pode haver alegria quando vocês ainda guardam raiva e ressentimentos, e muitas pessoas intimidam umas às outras? Como pode haver alegria quando as crianças ainda são brutalizadas em muitas partes do mundo? Como pode haver alegria quando vocês ainda julgam uns aos outros severamente?

A alegria vive em uma atmosfera de paz, amor e compreensão. Eu gostaria que todos vocês se conscientizassem de que a maior alegria que podem ter é tirar do coração todas as emoções negativas. A maior dádiva que podem se oferecer é orar uns pelos outros com amor. Revitalizem seus relacionamentos com alegria e entendimento. Vocês precisam de tolerância, paciência e compaixão para ter a grande alegria que levou os anjos a cantarolarem na noite em que Jesus nasceu.

A tolerância é uma qualidade que os ajuda não só a ter alegria como também a amar sem julgamentos, e a deixar de lado os preconceitos. Permite-lhes ver as semelhanças entre vocês e pessoas de raças, culturas e países diferentes. A tolerância diminui a necessidade de julgar. Dá a vocês o entendimento para procurar modos de encontrar a conciliação.

O entendimento lhes dá sabedoria para encontrar a paz em suas mentes, seus corações e seus eus interiores. Abre-lhes a mente para que tenham novos insights a respeito de velhos problemas, uma nova perspectiva para antigos julgamentos e compreensão. Entender totalmente outra pessoa é compreender sua situação, sua formação, seu intelecto e sua cultura.

Compaixão é o que vocês sentem nesta época de Natal enquanto se preparam para ajudar os necessitados, oprimidos e desamparados. Compaixão, tolerância e entendimento é o que eu lhes peço que mantenham no coração durante todo o ano novo, e levem consigo para o novo milênio.

Deixem o nascimento de Jesus lembrar-lhes de que Ele seguiu o caminho do amor, da paciência, da tolerância, da compreensão e da compaixão. Isso lhes permitirá viver todos os dias com alegria, amor e paz. Deixem que isso seja o seu novo objetivo, sua nova atitude e seu novo estilo de vida. Obrigada por ouvirem as minhas palavras. Eu os amo muito.

Maria, Mãe de Jesus

20

Um Tempo de Mudança

fevereiro/2000

VOCÊS CONSEGUEM ACREDITAR QUE ESTAMOS EM UM *novo século, e ainda por cima em um novo milênio? É difícil para mim acreditar que vivi tanto. Nas décadas de 1950 e 1960, achava que o ano 2000 era um futuro muito distante. Também achava que não viveria tanto. E eis-me aqui, viva e bem. Não sei ao certo se estou animada ou desapontada. Seja como for, tenho de continuar a viver, viver e viver um pouco mais.*

Ouvi algumas coisas sobre este ano que gostaria de partilhar com vocês. Uma delas é que este é um ano de transição — que as mudanças (acho que terrenas) só se realizarão nos próximos anos.

A outra coisa foi uma pergunta. "O que você gostaria de deixar no século passado e o que você quer levar consigo para o novo século?" Somente quando me foi feita esta pergunta, pensei sobre o novo século. Tinha falado e ouvido falar tanto no novo milênio, que nem mesmo pensara sobre o novo século. Milênio é um termo abstrato para mim. Tenho dificuldade em entender o conceito de mil anos. Mas um século é algo que consigo entender.

Meu pai nasceu em 1892 e minha avó materna nasceu por volta dessa época. Eles eram quase da mesma idade. Por isso, durante toda a minha vida, tive uma idéia do que era um século. Costumava perguntar ao meu pai e à minha avó sobre o século XIX. Achava muito bom viver durante tanto tempo. Agora estou tendo a mesma experiência e não me sinto de modo algum velha.

Então a pergunta me fez pensar. Eu sabia que queria deixar para trás a dor e a doença. No período de festas parei em uma loja de produtos naturais para comprar alguns suplementos e encontrei um novo produto que praticamente acabou com a minha dor. Agora tenho energia e entusiasmo. Oro na esperança de realmente ter deixado para trás a dor e a doença.

Outra coisa que eu queria superar era o efeito de qualquer consciência de pobreza que ainda tivesse em minha vida. É desnecessário dizer que há muitas outras coisas na minha lista. O que acontece é que, quando eu me vejo começando a pensar de um modo pobre ou sinto dor, nego isso. Tenho afirmado para mim mesma que eliminarei o que não quero mais vivenciar neste século nem pelo resto dos meus dias na Terra.

Então, é claro que tenho de decidir o que quero e como quero viver neste novo século. Lembro-me de todas as mudanças que ocorreram logo após 1900. Pensem sobre isso! As mudanças foram grandes e súbitas. Sinto que quero que esse tipo de mudança boa e permanente ocorra em minha experiência de vida. Mas primeiro tenho de trabalhar nisso interiormente, para que ocorra exteriormente. Lembro-me das palavras da Virgem Maria sobre o meu filho David, que vinha às nossas reuniões familiares trazendo cerveja. Ela disse: "Cuidaremos do interior, e quando este estiver bem, o exterior cuidará de si mesmo."

Quantas vezes queremos fazer mudanças em nossas vidas e começamos a fazê-las conscientemente? Queremos mudar o modo como falamos, caminhamos, nos relacionamos com as pessoas, nossa aparência e assim por diante. A primeira coisa que nós, mulheres, fazemos quando queremos mudar é usar um novo penteado ou comprar roupas novas. O que precisamos mudar é algo no interior. Então, ao começarem a viver neste novo século, lembrem-se de que se mudarmos o interior, o exterior cuidará de si mesmo. Eu estou me esforçando muito para mudar meus padrões de pensamento e meus sentimentos. Estou me monitorando para me certificar de que o modo como vivo interiormente é o modo como quero viver exteriormente.

Há uma clara correlação aqui. David é a prova dos benefícios de começar pelo interior. Um ano depois que começamos a nos reunir como uma família para orar e meditar, ele foi para um hospital e desde então está em recuperação. Comemorou dez anos de sobriedade no ano passado. David me lembra de que fica sóbrio um dia de cada vez. Não faz promessas a respeito do amanhã, e isso tem dado certo. Ele mudou o interior, e o exterior cuidou de si mesmo.

Ainda não sei qual orientação receberei este ano. Mas uma coisa que a Virgem Maria me pediu foi para estar disponível uma vez por mês. Ela também me pediu para abrir as portas de minha casa nesse dia. Então, a partir do segundo sábado de fevereiro, estarei à disposição de quem quiser me visitar. Nós meditaremos e oraremos, provavelmente discutiremos temas de nosso interesse, e partilharei o que estou recebendo. Aprenderemos juntos o que quer que o Espírito queira nos ensinar.

Nos últimos dois anos, tenho orado para ser capaz de fazer as coisas que Jesus fez. Lembrem-se de que Jesus disse que podíamos fazer tudo que Ele fazia, e coisas ainda maiores. A Virgem Maria disse que Jesus veio para demonstrar todo o nosso potencial. Espero que juntos comecemos a realizar todo o nosso potencial, não para ser melhores do que as outras pessoas ou para ser seus salvadores, mas para ser dignos da grande esperança que Deus depositou em nós. Portanto, este é um convite aberto.

Eu adoraria que vocês orassem comigo pelas pessoas cujos nomes estão em nossa cesta de orações. Nós podemos fazer uma grande diferença nas vidas dos outros com as nossas orações. A Virgem Maria nos disse que orar pelas pessoas é a maior e melhor dádiva que podemos lhes oferecer. Então, por favor, orem comigo pelas pessoas cujos nomes estão na cesta. Nós não precisamos saber pelo que orar. Eu simplesmente dou apoio às orações das pessoas. O que pedem é entre elas e Deus. Acredito que o meu papel é apoiá-las com a minha fé, e que Deus só nos dá o que é melhor... sempre.

Então agora vamos tratar de nossas vidas diárias. Espero que todos tenham um ótimo ano! Até a próxima. Sua amiga de sempre,

Annie

✧ ✧ ✧

MEUS QUERIDOS FILHOS, VENHO COM ALEGRIA E AMOR. É um grande privilégio trazer para vocês palavras de incentivo e instrução, e palavras para tornar suas vidas mais agradáveis. Vocês vivem em uma época maravilhosa, uma época de grandes mudanças. Logo tomarão conhecimento delas. Embora, na verdade, as mudanças já estejam ocorrendo há vários anos, somente agora estão sendo notadas por seus cientistas e outros especialistas. Vocês ouvirão falar em mudanças no tempo, no clima e em muitas outras áreas. A migração dos pássaros e as correntes oceânicas serão afetadas. Muito em breve ouvirão falar sobre isso.

Eu gostaria que vocês se preparassem para qualquer eventualidade. Quando estiverem preparados, física e espiritualmente, fiquem tranqüilos. Apreciem as mudanças, a época em que vivem. Quando a apreciam, realmente experimentam a vida. Tirem prazer de suas atividades diárias. Pensem e meditem sobre a bondade, a alegria, o amor e, mais especificamente, sobre a paz. É assim que devem viver hoje.

Muitos de vocês enfrentarão desafios, mas em cada um deles encontrarão bondade, e nela encontrarão bênçãos. Sejam alegres e pacíficos no seu dia-a-dia, e se tornarão mais serenos. Enfrentem seus desafios com equanimidade. Então ouvirão a voz interior que os orienta em tudo. Meu filhos, busquem orientação dentro de si mesmos. Prestem atenção quando Deus lhes fala em uma voz silenciosa. Essa voz é ouvida e reconhecida quando vocês prestam atenção aos seus eus interiores.

Quando ouvirem a voz silenciosa de Deus dentro de vocês, terão paz e alegria. Não há nada como acreditar que Deus os protegerá, satisfará todas as suas necessidades e os amará. Meus filhinhos, neste momento vocês estão vivendo com fé, mas é exatamente assim que devem viver todos os dias. A fé é a base de todo o futuro. Nos anos ainda por vir vocês enfrentarão muitas duras realidades. Isso exigirá que se mantenham fortes em sua fé, e totalmente confiantes. Não será difícil enfrentar o que quer que o futuro lhes reserve se tiverem uma forte conexão com Deus. Deixem que seus corações fiquem em paz, porque este é o motivo de viverem. Vocês vivem para estar fortemente conectados com Deus e apreciar a vida que Ele lhes deu. Vivem para fazer uso de sua liberdade de escolha, para amar livremente sem os obstáculos dos julgamentos ou preconceitos.

Quando vocês começarem a meditar, afirmem sua intenção. Em cada meditação, tenham pelo menos uma intenção específica, e podem ter outras intenções. Meus filhos, Deus ouve o fundo de seus corações e os entende totalmente. Como Ele lhes deu liberdade de escolha, vocês devem pedir o que querem. Escolheram estar conectados com Ele, contar com a Sua ajuda enquanto aprendem a confiar e depender totalmente Dele. Não há o que não possam pedir a Deus. Contudo, devo avisá-los de que Deus só fará o que for melhor para vocês e para todos.

Para confiar, vocês precisam acreditar nisso. Se acreditarem que Deus é caprichoso e inconstante, não serão capazes de confiar totalmente Nele. Eu já disse várias vezes que Deus os ama incondicionalmente. Quando acreditarem nessa verdade essencial, serão capazes de confiar.

Uma parte da verdade é a antecipação e a confiança em que seu pedido será atendido. Lembrem-se de que, quando meu filho Jesus orava, agradecia imediatamente a Deus pela resposta. Isso era parte do pedido. Peçam o que mais desejam. Peçam o que é melhor para vocês. Deixem Deus ouvir seus pedidos. Então, antecipem a resposta, esperem e observem Deus operar milagres em suas vidas.

Lembrem-se de que às vezes Deus deve prepará-los para receber suas respostas. Muitas vezes, vocês não estão prontos para isso. Há outras pessoas a considerar, e o bem delas também deve ser levado em conta. Na maioria das vezes, é preciso tempo para que tudo isso aconteça. Portanto, enquanto vocês esperam e antecipam, aumentem sua fé e confiança através de afirmações. Antecipem a resposta o suficiente para ser gratos por ela antes de recebê-la. Diariamente, sejam gratos por todas as suas orações serem atendidas de modos surpreendentes e maravilhosos. Lembrem-se de que Deus pode fazer as coisas em um piscar de olhos. Mas muitas vezes isso não é o melhor para vocês. Assim, a espera é parte da preparação para receber.

Apreciem a espera. Tirem prazer da antecipação da resposta. Nunca ditem a Deus como ela deve vir. Se acham que nunca fariam isso, vocês o fazem quando têm idéias preconcebidas sobre como uma resposta deve ser dada. Quando dizem a Deus em suas orações o que é necessário, estão fazendo isso. Vocês só devem pedir e esperar a resposta. Ela virá no tempo e do modo de Deus. Do bom modo Dele. Simplesmente esperem e confiem. Sim, meus filhos, isso é simples mas nem sempre é fácil.

Sejam capazes de receber a resposta, venha como vier. Muitas vezes vocês a retardam, porque querem que venha de determinada forma e seja como acham que deveria ser. Seja como for que Deus responda à sua oração, será de um modo bom, porque Deus só dá o que é bom. Acreditem nisso com todo o coração, o entendimento e a alma. Comecem hoje a acreditar na bondade de Deus, em Seu Amor Divino e em Sua grande compaixão. Acreditem que Deus quer que vocês apreciem suas vidas e não sofram. Acreditem que Ele quer que haja paz em suas vidas, em seu mundo e em seu futuro. Jesus acreditava em um Deus que nos amava tanto que não nos negava coisa alguma, exceto o que nos prejudicaria. Concentrem toda a sua atenção e todo o seu ser na bondade, no amor e na paz de Deus. Vocês podem fazer isso, meus filhos; têm a capacidade de substituir sua crença em um Deus que pune por uma crença em um Deus que ama incondicionalmente, que só dá o que é bom para os Seus filhos.

Usem estas mensagens para melhorar suas vidas. Usem-nas diariamente para mudar o seu mundo. Pode haver paz e alegria na vida. Eu amo todos vocês.

Maria, Mãe de Jesus

21

O Poder da Ressurreição

abril/2000

EU SINTO QUE ESTOU EM PERÍODO DE MARÉ BAIXA — *isso não é agradável, mas faz parte da vida na Terra. Muitos anos atrás, a Irmandade nos disse que tudo na Terra é como o fluxo das marés.*

A maré baixa é diferente do vazio, que para mim é ainda mais desconfortável e pode durar mais. Na maré baixa, tudo parece se mover devagar, como o melaço. Quando penso no meu desenvolvimento espiritual, parece que nada está acontecendo. Emocionalmente, é como se eu não sentisse coisa alguma. Mentalmente, é como se tivesse parado de pensar. Ainda recebo as mensagens interiores, mas não pareço sentir a admiração reverente, que é tão estimulante.

Tenho ouvido uma pequena canção em minha mente, uma que a minha amiga Anita nos mostrou no segundo Earth Festival (1996) durante um intervalo não programado. Ela me disse que John Denver a gravou em uma fita para

crianças. As palavras são mais ou menos estas:
"A sabedoria está em cada um de nós. Olhem para dentro. Abram seus dois olhos. Vocês podem fazer tudo sem ao menos saber como. Isso está dentro de cada um de nós. Aqui e agora." Eu espero que essas palavras estejam certas. Seja como for, é a mensagem que estou recebendo.

Quando revejo toda a minha jornada para o despertar espiritual, as visitas da Virgem Maria e Seu pedido para mim, percebo que, naquela época, não sabia o que estava fazendo. Eu era boa em seguir instruções. Tenho lembrado a Deus de que não estou recebendo a mensagem, caso Ele a esteja enviando, porque não sei o que fazer, ou como fazer isso. Talvez a canção seja Deus me dizendo que não tenho de saber como. Novamente sou lembrada de olhar para dentro de mim, onde estão a sabedoria e o conhecimento. Tudo que temos de fazer é olhar para dentro. Isso é muito simples, mas nem sempre fácil.

Acho que é uma questão de confiança. Eu realmente confio em Deus — acredito que Ele cuida de mim, está presente quando preciso, mostra-me o caminho, é tudo para mim? Minha primeira resposta para essa pergunta é afirmar que é claro que sim! Mas se eu confio, por que todo o questionamento e o mau humor? Talvez eu deva confiar em mim mesma, primeiro. Eu confio em mim mesma, ou talvez a pergunta seja, POSSO *confiar em mim mesma? Às vezes acho que sim, e em outras ocasiões parece que não.*

Ouço repetidamente as palavras da canção: "Vocês podem fazer tudo sem ao menos saber como." Eu tive um belo exemplo disso, uma pessoa que realmente segue essa norma de procedimento. É a irmã de minha boa amiga, Anita. Há algum tempo ela ouve sua orientação interior, e simplesmente a segue. Começou a fazer esculturas, e agora está pintando telas. Seu trabalho é lindo, inspirador e instigante. Quando penso em fazer algo sem ao menos saber como, ela me inspira.

Muitas vezes perguntei por que preciso estar sempre aprendendo antigas lições, e recebi a resposta de que as aprendo em níveis diferentes. Muitas vezes vocês não sabem de algo em suas mentes que ainda não assimilaram em seus corações? Eu demoro um pouco para aprender. Entedio-me facilmente, por isso me é concedido um intervalo entre as repetidas lições. Às vezes o intervalo é tão longo que eu me esqueço de que já aprendi essa lição, e é como se a aprendesse pela primeira vez. Assim, recebi novamente a lição sobre a confiança, e espero aprendê-la desta vez.

Eu sinto que isso está me permitindo confiar em mim mesma. No passado, não cuidei bem de mim. Durante anos fui ingênua e não tentei usar a lógica, a razão ou qualquer processo de reflexão para fazer escolhas. Apenas seguia em frente, sem realmente fazê-las, deixando-me levar pela indecisão. O que aprendi na terapia foi que não tive a confiança que deveria ter tido na infância. Por isso, não aprendi a confiar e agora estou reaprendendo a confiar em mim.

Ainda sinto que Byron e eu estamos em um período de maré baixa em algumas áreas de nossas vidas. Mas o bom de estarmos em um período de maré baixa é que logo a maré alta voltará. Uma coisa que pode estar relacionada com isso é que desde o início do ano enfrentamos problemas financeiros. Eu perguntei por que isso está acontecendo, quando acredito firmemente que Deus é a minha Fonte. A resposta foi que ainda acredito no bem e no mal.

Quando comecei a minha busca, queria saber qual era realmente a Verdade de Deus, mesmo se diferisse das crenças comuns. Lembrei-me de que as pessoas já acreditaram que a Terra era plana, mas Deus sabia que era redonda. Ele simplesmente esperou que descobríssemos a verdade. A Virgem Maria me ensinou que, no Reino de Deus e da Verdade, não existe o mal. Deus não luta contra um espírito maligno pela posse de nossas almas. Simplesmente, espera que descubramos a verdade de que todo o mal no mundo é criado por nós.

Então, como isso afeta as nossas finanças? Parece que essa parte da crença no bem e no mal é a crença na abundância ou escassez. Portanto, enquanto eu acreditar na abundância ou escassez, experimentarei ambas em minha vida. Agora estou afirmando que a verdade é que em Deus só há bondade, amor, saúde e abundância. Posso experimentar isso quando mudo as minhas crenças. Então, à luz dessas lições que estou aprendendo — confio em que a maré alta voltará, aprenderei a confiar em mim mesma e experimentarei a abundância todos os dias. Não tenho de saber tudo. Só tenho de olhar para dentro, como diz a canção. A mesma lição é repetida até eu aprender. Jesus nos ensinou isso quando disse que o Pai dentro de nós era quem fazia o trabalho. Eu só tenho de tirar a minha personalidade e o meu ego do caminho, e deixar Deus trabalhar através de mim. Então poderei fazer tudo, mesmo se não souber como. Isso é algo em que pensar, não é? Espero que todos vocês estejam bem. Oro para que só tenham a bondade de Deus em suas vidas, todos os dias. Até a próxima. Sua amiga de sempre,

Annie.

✧ ✧ ✧

MEUS QUERIDOS FILHOS, É COM A MAIOR ALEGRIA QUE venho novamente a vocês nesta época de renovação. Esta é a época de celebrar a vida e sua continuação. Quando vocês pensarem na morte de Jesus, concentrem-se em Sua ressurreição, porque nela está a história da vida. A morte é simplesmente uma parte da história contínua da vida. A vida é bela, e o simples ato de viver é belo.

Enquanto vocês estão na Terra, viver é manter o corpo e a alma juntos. Mas eu gostaria que fizessem mais do que isso. Peço-lhes que se concentrem em manter o corpo e a alma imbuídos de espírito, pois é o espírito de Deus que anima vocês. Ele é sua força vital, o poder que lhes dá vida. Muitas vezes as pessoas perdem seu espírito. Então apenas existem. Perdem a alegria de viver. Perder seu espírito é perder o entusiasmo pela vida. Quando vocês o perdem, também perdem o prazer de viver.

Esta é uma época de renovação na natureza, e também pode ser o momento de restabelecer a conexão do espírito com a alma e o corpo. Vocês podem recuperar a força vital do espírito, reabilitar suas vidas através de suas mentes e corações. É preciso mente e coração para haver regeneração. Primeiro, decidam regenerar suas vidas. Então seu desejo de uma vida melhor conectará a decisão e o desejo, permitindo sua realização. Isso é verdade em relação a todos os tipos de reabilitação. Vocês podem reabilitar a mente, purgando-a de atitudes, crenças e pensamentos negativos. Podem reabilitar o coração, purgando-o das emoções negativas que dominam o espírito.

Quando vocês reabilitam e renovam suas vidas dessa maneira, usam o poder da ressurreição para recuperar sua força vital. Esse poder se manifesta, nesta época do ano, através da natureza. Aquilo que estava entorpecido e parecia morto é revitalizado; não só ganha vida como viceja, revelando sua grande beleza inata. Quando vocês estiverem em um período de entorpecimento e acharem que nada está acontecendo, apenas se conscientizem disso. Nesse período de repouso interior podem achar que não estão progredindo. É então que devem se aperfeiçoar em todos os níveis, colocar em prática o que estão aprendendo. Este é o momento de acreditar que ainda estão vivos, e a vida continua.

Os períodos de ressurreição são maravilhosos. Vocês não precisam esperar por uma época especial. Podem ressuscitar qualquer parte de suas vidas a qualquer momento. Ressuscitar é renovar, reenergizar e reconstruir. Deus quer e pode ajudá-los a fazer isso. Não o fará por vocês, mas trabalhará com e através de vocês, para restabelecer sua forte conexão interior com Ele. Quando vocês têm mais de Deus em suas vidas, Sua força vital original e energizante flui mais através de vocês. Deixem Deus ajudá-los em tudo.

Se vocês tiverem algum vício, deixem Deus ajudá-los a se livrar dele. Isso nem sempre é fácil. Com o poder de Deus, e com a Sua ajuda, vocês podem se libertar de qualquer vício. Se tiverem uma natureza litigiosa e acharem que estão predispostos a ver o mal em pessoas ou situações, renovem-se através do amor de Deus. Se sua visão da vida for triste e sombria, renovem-se através da alegria de Deus. Se descobrirem que estão cheios de culpa e vergonha, regenerem-se através do perdão e da natureza amorosa de Deus. Se estiverem dominados pelo medo, renovem-se através da compreensão e da força de Deus.

Em Deus vocês encontrarão toda a bondade. Nenhum de Seus atributos lhes é negado. Quando vocês pensam que não podem lidar com alguma coisa e precisam de coragem, Ele está com vocês. Quando se sentem temerosos e fracos, Sua força está presente. Quando estão solitários e desesperados, Seu amor os cerca. Quando estão irritados e melancólicos, Seu amor e Sua paz estão com vocês. Quando se sentem culpados e envergonhados, Seu perdão é verdadeiro. Quando estão mal-humorados e cheios de ressentimentos, Sua serenidade os envolve. Quando se sentem desconectados da vida, Sua presença os alenta. Quando sofrem, Deus os conforta. Quando estão tristes e confusos, Ele os sustenta com Seu amor. Em todas as condições, Deus está com vocês. Em todas as circunstâncias e situações, Ele os inspira com Sua bondade.

Deus nunca os abandona ou negligencia. Mas Ele não lhes impõe a Sua vontade, porque isso seria negar-lhes Sua dádiva de liberdade de escolha. Ele simplesmente espera que vocês O procurem. Espera que vocês peçam, e foi por estar tão certo de que Deus estaria com vocês que Jesus disse: "Pedi, e vos será dado; buscai, e achareis; batei, e vos será aberto." Se prestarem atenção, verão que Jesus não disse "talvez" ou "pode ser"; Ele estava tão seguro e confiante que não usou palavras ambíguas ou estabeleceu qualquer condição para o cumprimento dessa promessa. Deus é infalível, leal e fidedigno. Ele não lhes faltará, meus filhos. Amo muito todos vocês.

Para renovar suas vidas, ponham nelas mais espírito. Renovem seu tempo de oração e meditação, sua fé em Deus. Podem transformar suas vidas através do poder da ressurreição. Mas só vocês podem fazê-lo. Isso exige que decidam e assumam o firme compromisso, consigo mesmos e com Deus, de ser sinceros e honestos. Mas eu tenho fé total na bondade de Deus e na capacidade das pessoas de transformar e renovar. Acredito totalmente que Deus os ajudará de todas as maneiras, desde que vocês façam a sua parte.

Apreciem esta época e deixem-na falar à sua alma. A primavera e o vicejar da natureza lhes dirão que a vida é eterna; que embora as coisas mudem, permanecem as mesmas; que a vida não será negada nesta época de renovação; e que a vida pode ser recuperada e é possível reabilitar qualquer parte dela. Fiquem tranqüilos e deixem o poder da ressurreição se manifestar em vocês. Renovem suas orações com mais dedicação, e suas meditações com mais fé. Revitalizem seus corações com o perdão. Reenergizem seus corpos com bons pensamentos. Reorganizem suas mentes com uma crença no amor de Deus. Vocês são seres espirituais e eternos, filhos de um Criador benevolente. Permitam que isso apazigúe suas almas.

Maria, Mãe de Jesus

22

A Verdade Desimpede o Caminho

junho/2000

A ÚLTIMA REVISTA PARECEU PROVOCAR UMA REAÇÃO EM *muitos de vocês. Várias pessoas sentiram a mesma maré baixa, a necessidade de me animar, ou simplesmente me dizer como viam essa situação. Agradeço a todos que se manifestaram; é sempre confortador saber que alguém nos entende e compartilha conosco esta experiência humana.*

Ainda estou em um período de maré baixa? Agora sinto mais uma mudança. No mês passado, quando estava em New Jersey, comentei que sentia que uma mudança estava próxima. Parece que a estou esperando, sem saber o que exatamente. Muitos dos participantes do workshop também sentiam que uma mudança estava prestes a ocorrer em suas vidas.
A Virgem Maria disse que este é um ano de transição; acho que não se trata de um ano civil, mas de um período de tempo,

que talvez o "ano" tenha começado no último outono e se prolongue por toda a primavera.

Esse parece ser um tempo de preparação, mas ainda não sei ao certo como me preparar. Sei que, para mim, na maioria das vezes, a preparação significa orar e meditar mais para ver o que preciso tirar de meu eu interior. Nos últimos anos, meu tempo de meditação tem diminuído. Eu costumava meditar durante horas a fio. Agora, só medito durante trinta ou quarenta minutos. Quando penso no tempo que passava meditando, parece que agora estou me descuidando disso, embora ainda medite todos os dias. Também tenho adormecido durante as minhas meditações, o que é frustrante. Em nossas reuniões familiares aprendi que, se eu começar com a afirmação de uma intenção, a intenção ocorrerá durante a minha meditação.

Um exemplo disso é que em geral a minha intenção é fortalecer minha conexão com Deus. Se eu adormeço, a Irmandade me assegura de que apenas a minha mente consciente dorme. Meu espírito e minha alma levam meu pedido para Deus. Mas sendo um ser humano, gosto de estar consciente durante as minhas meditações, da sensação de ter meditado de acordo com a minha idéia de como uma meditação deveria ser. E... sim, sei que o "deveria" nunca nos ajuda a nos sentirmos bem com nós mesmos.

Eu estou me preparando o melhor que posso — exatamente como me recomendou a Virgem Maria muitos anos atrás. Certa vez, quando eu Lhe perguntei como fazer o que me pedia, Ela respondeu: "Faça o melhor que puder." Também estou começando a querer muito que a transformação que ocorre em mim seja completada. Posso senti-la ocorrendo, mas não sei ao certo em que áreas.

Ultimamente tenho perguntado: o que estou aprendendo? A resposta que obtenho é que a lição é sobre a confiança, e que essa será uma das coisas em que trabalharei este ano, e durante toda esta experiência de vida. Achei que já havia aprendido essa lição, mas ouço dizer que perdi alguns dos pontos principais. Agora tenho de me concentrar novamente neles. É verdade que confiar não tem sido fácil para mim. Achei que isso tinha muito a ver com as minhas experiências de abusos na infância. No passado, fui traída por pessoas em quem achei que podia confiar. Eu me casei aos 16 anos, antes de realmente ter desenvolvido qualquer confiança ou autoconfiança. Meu primeiro marido não cumpriu os votos do casamento. Era novamente a velha questão de traição e confiança, mas numa situação diferente e com uma pessoa diferente. Estou convencida de que, se não aprendemos as nossas lições da primeira vez, elas nos são reapresentadas através de pessoas e circunstâncias diferentes. Muitas vezes, em palestras, digo: "Não se preocupem se não entenderem 'isso' da primeira vez, Deus lhes dará muitas oportunidades de entenderem."

Se não aprendermos o que pudermos com as nossas famílias de origem, nós nos casaremos com alguém que nos dará essa oportunidade, trabalharemos para uma pessoa que personificará a questão, viveremos perto ou seremos amigos de alguém que nos apresentará a lição repetidamente, até a entendermos. Assim, casei-me muito jovem com a pessoa perfeita para colocar em minha vida a questão da confiança e me fazer encará-la durante mais de vinte anos. Na época, eu não tinha consciência dessa oportunidade; aquilo parecia traição e reforçava a idéia de que eu não podia confiar em ninguém, nem em mim mesma. Mas, na verdade, estava aprendendo tudo que podia sobre a confiança ao experimentar a falta dela.

Então, o que aprendi sobre a confiança? Para mim, isso está mais relacionado com aprender a confiar em meus próprios instintos e minhas reações, a acreditar nas informações que recebo sobre mim. Além disso, aprendi que confiar é uma habilidade. Nós a aperfeiçoamos à medida que confiamos mais em nós mesmos. Quando procurei a palavra "confiança" no dicionário, descobri que tem a ver com acreditar, depender, ter esperança e fé. No passado, não pude depender de mim mesma. Minhas escolhas na vida não me deram muitas oportunidades de aprender a ser independente. E sendo totalmente co-dependente, temia ser independente. Então tive de aprender a ter fé e acreditar em mim mesma, ser autoconfiante. Ainda estou praticando essas coisas. Achei que eram lições distintas. Mas procurando a palavra "confiança" no dicionário, descobri que tudo faz parte da mesma lição sobre ela.

Seja qual for o estado em que eu me encontre, estou me transformando, mudando e continuando a aprender. Mas todos nós não temos esses mesmos tipos de experiências na vida? Não é confortador saber que temos tantas experiências parecidas e lições em comum? Não é maravilhoso o modo como nossas lições são diferentes e personalizadas? Eu sinto que Deus é realmente surpreendente. Ele nos ama tanto que nos permite aprender à nossa própria maneira, em nosso próprio tempo e simplesmente vivendo as nossas próprias vidas — diariamente.

Até a próxima. Sua amiga de sempre,

Annie

✧ ✧ ✧

MEUS QUERIDOS FILHOS, VENHO A VOCÊS HOJE COM compreensão e um coração compassivo. Peço-lhes que abram suas mentes e seus corações à compaixão, coragem e tolerância. É preciso que tenham o coração cheio de compaixão para aprender a amar a si mesmos e aos outros incondicionalmente; que tenham a mente cheia de coragem para fazer as mudanças necessárias para viver em paz; e que tenham sabedoria para saber quando e onde ajudar a si mesmos e os outros. A tolerância permite-lhes ter compaixão sem limites, ser corajosos e nada temer. A sabedoria dá-lhes a capacidade de saber se a ajuda é necessária, e quando é apenas uma questão de ouvir ou dizer uma palavra. Lembrem-se de que qualquer hora é apropriada para uma oração.

Muitos de vocês querem ajudar os outros, mas não querem enfrentar seus próprios problemas ou mudar suas próprias atitudes mentais. Vocês não poderão ajudar realmente os outros se negarem seus próprios problemas. Não os ajudarão se não lhes tolerarem as opiniões, crenças ou escolhas na vida. Sua ajuda não será real, mas apenas uma maneira de acalmar seus corações, se vocês não aceitarem as diferenças nas pessoas.

Olhem para si mesmos, e descubram a verdade de suas próprias situações e circunstâncias. Freqüentemente vocês encontram muitos modos de evitá-la, e isso não ajuda. Lembrem-se de quem são e sejam, em primeiro lugar, fiéis a si mesmos. Quando ajudam a si mesmos a descobrir quem são, ficam livres para ajudar os outros de todo o coração e com a mente clara. Tentem sempre falar a verdade para si mesmos. Meus filhinhos, não se iludam acreditando no que é falso. Em todas as situações da vida, a verdade os conduzirá para a paz.

Não há paz na negação, no tumulto, na intolerância e no julgamento. Deixem-me explicar, meus filhos. Quando vocês vivem negando a verdade dos acontecimentos, das circunstâncias e das escolhas que fizeram, têm dúvidas em relação a si mesmos e às suas escolhas. Na negação, há contradição e protestos em suas mentes e seus corações. Como vocês podem ficar em paz cheios de dúvidas, protestos e contradições? Como podem ver o que é melhor, se não vêem o problema com uma mente e um coração serenos?

A negação os leva ao tumulto, que os deixa confusos e perturbados. A confusão e perturbação lhes trazem desordem e caos. O caos e a desordem do mundo são causados por uma falta de verdade e amor incondicional. A intolerância gera preconceitos que os separam das outras pessoas, e fecham seus corações à compaixão. Também os faz negar seu próprio sofrimento e o sofrimento alheio, e conter ou limitar sua bondade e misericórdia.

É imperativo que vocês se tornem compassivos, tolerantes, e vivam na verdade. Assim, realizarão as mudanças necessárias para incutir a paz e a serenidade no coração da humanidade. Isso exige mais do que pensar sobre a tolerância. Exige levar uma vida de tolerância. Em primeiro lugar, sejam tolerantes consigo mesmos. Permitam-se cometer erros, e permitam que os outros os cometam. Deixem cada pessoa ter sua própria opinião e escolher o que quiser, sem temer os seus julgamentos.

Sejam sinceros em suas orações. Orem não para ser ouvidos ou bem-vistos pelos homens, mas para ser ouvidos por Deus. Lembrem-se de que Deus ouve tanto a oração silenciosa quanto a falada. Ouve o fundo de seus corações, e sabe quando oram com fervor e sinceridade. As orações fervorosas e sinceras são as que soam mais alto. Muitas vezes vocês oram de um modo e sentem de outro. Todo o seu ser deve ser verdadeiro e coerente a respeito do pedido, para a prece ser atendida.

Vocês já se perguntaram por que a oração feita em desespero e no último minuto quase sempre é atendida mais rápido? Freqüentemente, é quando vocês chegam ao ponto máximo de desespero que todo o seu ser concorda a respeito do pedido. Muitas vezes, vocês oram pedindo a Deus especificamente as mudanças que desejam ver na vida de uma pessoa. E muitas vezes as pedem sem levar em conta o que é realmente necessário na situação. Mas quando vocês estão em situações desesperadoras, removem os obstáculos da falsidade, da ilusão e das distorções.

A verdade desimpede o caminho a fim de que vocês possam viver em paz. A tolerância e a compaixão permitem-lhes realmente ajudar seus semelhantes. A verdade os ajuda a ser compreensivos. Somente quando vocês conseguem reconhecer seu sofrimento ou suas escolhas erradas podem compreender as escolhas erradas das outras pessoas. Quando são tolerantes, permitem que elas façam suas próprias escolhas, encontrem suas próprias orientações e conexões interiores com Deus. Uma mente e um coração abertos são compassivos.

Expressem sua compaixão de modos ternos e amorosos. Sejam bondosos em seus relacionamentos. Vocês podem ser honestos e gentis, afetuosos e fortes. Podem se dar apoio. Podem encorajar aqueles que perderam a fé, ser solidários, compassivos e ouvir uns aos outros.

Quando vocês se conhecerem, perceberão a verdade de seus relacionamentos. Ouçam com uma mente aberta para compreender todas as situações. Essa compreensão lhes trará insights sobre como ajudar a si mesmos e aos outros. Abram suas mentes para o fato de que todos têm um caminho direto para o Pai interior. Ninguém pode ser o caminho para outra pessoa encontrar sua conexão interior. Mas nós podemos apoiá-la, encorajá-la e ensiná-la a procurar em si mesma sua conexão com Deus. Uma mente aberta nos permite ver as semelhanças e apreciar as diferenças nas pessoas.

Um coração aberto é o que é preciso hoje, para vocês serem úteis para a humanidade. Um coração aberto se expressa na amizade e benevolência. Tendo-o, vocês serão gentis e bondosos. Deixarão que os outros acreditem no que quiserem, façam suas próprias escolhas e tomem suas próprias decisões. Ensinem seus filhos a fazer o mesmo. Permitam que todo o seu ser aja com amor, e deixe o medo para trás. Ser realmente amoroso é ser compreensivo, tolerante e compassivo. Vocês podem fazer isso. Têm bondade bem dentro de vocês. Encontrem-na, meus filhinhos.

Maria, Mãe de Jesus

23

Serenidade

agosto/2000

AO ME PREPARAR PARA O DIA 15 DE AGOSTO, RECEBI A *orientação interior de orar mais. Esse é o dia especial em que a Virgem Maria faz uma aparição perto daqui. Comecei a me preparar em meados de julho. Devido às preparações, notei uma mudança em minha atitude mental. Eu estivera renovando minhas afirmações de fé para me lembrar das coisas em que acredito. Uso algumas das antigas profissões de fé que aprendi na Igreja Metodista, e então afirmo tudo em que acredito hoje.*

Isso me fez perceber como fui longe e o quanto estou perto de atender ao pedido inicial da Virgem Maria de purgar o coração e a mente do medo e da raiva. Ainda me zango, mas agora é mais uma irritação ou rabugice. Eu costumava ter logo um ataque de fúria, mas não faço mais isso. Nos últimos dez anos, só me lembro de ter me enfurecido uma vez, e foi por um bom motivo. Estava protegendo a mim mesma e à minha família.

O medo é algo com que quero lidar o mais rápido possível. Por esse motivo, estou renovando minhas afirmações de fé, e isso faz com que eu me sinta extremamente grata a Deus por todas as minhas bênçãos. Uma das coisas pelas quais sou grata é por não viver mais apavorada. Às vezes ainda nego o medo, mas pelo menos consigo lidar com ele em uma questão de semanas ou meses. Um dos modos de eu reconhecer que estou negando o medo ou a raiva é que o meu nível de energia abaixa. Entendo perfeitamente por que a Virgem Maria descreve a raiva e o medo como emoções que consomem as nossas vidas. Elas roubam minha energia e vitalidade.

Eu realmente acredito em um Deus infinitamente amoroso, não apenas por um tempo, mas o tempo todo. Não acredito mais que os acontecimentos ou as circunstâncias em minha vida são castigos de Deus. Mas não acredito nisso há décadas. Lembro-me de quando o meu filho mais velho nasceu com Síndrome de Down. Não me lembro de quem foi, mas uma mulher me disse que era um castigo de Deus ele ter nascido assim. Não acreditei nisso naquela época mais do que acredito agora. Meu filho foi uma resposta para muitas orações. Orei pedindo um bebê, e tive um. Ele está comigo há 44 anos, e é definitivamente uma das minhas maiores bênçãos.

Reconheço e agradeço a bênção de ter sido escolhida pela Virgem Maria para fazer a minha pequena parte em Seu trabalho de amor. Uma das maiores dádivas que obtive, através desse trabalho, foi conhecer tanta gente linda e maravilhosa ao longo destes anos. Fiz amizade com muitas pessoas ótimas e me diverti muito viajando.

Esse trabalho me permitiu curar velhas feridas que me mantinham infeliz, apavorada e raivosa. A Virgem Maria não brandiu uma varinha de condão para me curar — não que eu ache que isso seria impossível, só que não aconteceu dessa forma. Eu tive de fazer o trabalho. Maria me pediu para procurar bem dentro de meu coração e minha mente lembranças de coisas dolorosas que eu deveria perdoar e às vezes pareciam imperdoáveis. Aprendi que, perdoando, livro-me do pavor, da raiva e da infelicidade.

Fui abençoada com um bom marido e bons filhos, e acho que os meus netos são os melhores. Minhas bisnetas são melhores ainda. O lado ruim é vivermos tão longe que raramente os vejo. Cada um deles tem um lugar especial em meu coração. Embora nem sempre nos vejamos pessoalmente, há amor. Aprendi a amar a mim mesma e a eles incondicionalmente. Não tenho de gostar de tudo que fazem ou sempre concordar com eles, para haver amor entre nós. Mesmo quando há afastamento, há amor e aceitação total. Não temos de nos tornar capachos para amar incondicionalmente. Para amar como Deus nos ama, precisamos nos aceitar exatamente como somos, e aceitar os nossos entes queridos como são. Assim, seremos capazes de aceitar as pessoas que são diferentes, acreditam em coisas diferentes ou não gostam de nós.

Uma de minhas afirmações de fé é que agora acredito que Deus me aceita totalmente, assim como aceita todas as outras pessoas na Terra. Ele me aceita exatamente como sou neste momento. Isso ajuda a dissipar as dúvidas, a culpa e a vergonha que estiveram presentes em minha vida e poderiam facilmente dominar meus pensamentos.

Quando nós reafirmamos a nossa fé, reafirmamos a nós mesmos. Isso aconteceu comigo. Também pude ver o quanto progredi em meu objetivo de purificar meu coração. Vejo como vivo hoje, e como vivia cheia de medo. Também vejo que é muito mais fácil amar a mim mesma e as outras pessoas quando não tenho mais medo delas. Ainda tendo a me conter, especialmente no meio de muita gente. Tudo é mais fácil agora que não tenho tanto medo. Há muito tempo, uma boa amiga me disse que eu não tinha medo de morrer, tinha medo de viver. Ela estava certa. Às vezes é difícil viver, e em outras ocasiões isso exige coragem, mas quando paramos de negar e evitar as coisas, e as resolvemos e enfrentamos, a vida pode ser muito boa.

Essa é a bênção que estou tendo agora — uma vida boa. Ainda enfrento desafios e tento eliminar de minha vida as coisas que não me servem mais. Mas, em geral, tenho uma vida boa e sou abençoada.

Ao reafirmar as coisas em que acredito, minha fé aumenta. Isso me dá esperança. A esperança torna a vida bem mais tranqüila e divertida. Renovou o meu interesse em muitas coisas. Nem todos os nossos problemas são resolvidos. Mas agora eu tenho esperança de que os resolveremos, ou aprenderemos a lidar com eles, o que for melhor.

Às vezes temos de parar e olhar para onde estávamos para ver o quanto progredimos. Todos os dias aprendemos muitas coisas enquanto vivemos. Quando me perguntam o que eu devo fazer, invariavelmente a minha resposta é "viver". Enquanto vivo a minha vida, e vocês vivem as suas, com fé em um Criador benevolente, fazemos mudanças que afetam o mundo. Nossa fé em um Deus bondoso e amoroso muda tudo.

Eu realmente aprecio vocês. Como aprecio e amo a minha família, há uma idéia de que, sendo uma família, é quase uma obrigação eles me darem apoio. É lógico que a minha mente me diz que isso não é verdade. Contudo, vocês não têm de fazer parte da minha vida, e seu apoio, suas dádivas, suas cartas, seus telefonemas e seus e-mails são muito apreciados.

Acho que já falei bastante por hoje. Até a próxima. Sua amiga de sempre,

Annie

✧ ✧ ✧

MEUS QUERIDOS FILHOS, VENHO A VOCÊS COM AMOR E esperança no coração. A paz do mundo está em suas mãos. É determinada pelo modo como vivem e vivenciam a sua fé. Acreditem em mim quando eu digo que Deus é amoroso e Seu amor é inabalável, permanente e eterno. Eu não gostaria que vocês ignorassem isso. Quando puderem acreditar no amor de Deus, deixarão de acreditar em qualquer outra coisa.

Quando vocês acreditarem no amor de Deus, serão compassivos, fiéis, tolerantes e capazes de perdoar. Deus perdoa aqueles que pedem o Seu perdão. Deus os perdoa mesmo quando vocês estão cheios de raiva. Perdoa tudo. Ele pede que vocês perdoem a si mesmos para o perdão ser completo. Muitos são implacáveis consigo mesmos. Para ser pacíficos e amorosos, vocês devem perdoar. Amor é perdão. Amar é perdoar. Isso não significa que quem é perdoado se livrará das conseqüências dos próprios erros, ou não precisará encarar seus erros ou pecados. Todos os filhos de Deus devem encarar os seus erros e assumir sua responsabilidade por eles. Quando vocês perdoam, livram-se de seu próprio sofrimento, de sua própria raiva e intolerância.

Tenham cuidado, meus filhos, para não se esforçarem em parecer pacíficos, tendo intolerância e ódio no coração. Isso não é ser pacífico. Não é exteriormente que eu lhes peço que sejam pacíficos. É em seus corações, seus pensamentos, suas atitudes, seus anseios, seus murmúrios e seus sonhos. Tratem e cuidem uns dos outros de modos pacíficos. Sejam bondosos e pacientes. Sejam compreensivos e esqueçam as mágoas do passado. Sejam afetuosos consigo mesmos e com seus entes queridos. Então terão uma natureza pacífica, que tentará naturalmente acabar com os conflitos e tumultos interiores. Terão tolerância e poderão se livrar da raiva e de todas as emoções negativas.

A serenidade vem de uma comunicação pessoal e diária com Deus. Acreditem que todas as pessoas têm essa conexão interior profunda e são responsáveis por mantê-la e que, por ocasião do julgamento, todas serão responsabilizadas pelos seus erros. Eu lhes peço que, primeiro, tirem do coração e da mente os vícios e ressentimentos. Então, eles desaparecerão de suas vidas exteriores. Quando vocês se concentram nas aparências exteriores, mudam o que pode ser destruído. Quando mudam seus eus interiores, mudam o que é duradouro e eterno. As mudanças interiores são a base de todas as mudanças exteriores na vida.

Meus filhos, lembrem-se de que vocês são mais do que seus corpos, pensamentos e sentimentos. O que importa é o que acontece em seus espíritos. Isso é eterno. O que tem valor é o que aproxima seus espíritos de Deus. Eu os convido a viver a partir de seus espíritos, a aprofundar sua comunhão com Deus. Mantenham-na ativa, todos os dias.

Sua conexão com Deus será mais clara e livre quando vocês purgarem o coração e a mente de velhos ressentimentos, quando se perdoarem pelos erros do passado. Sua comunhão com Deus será mais eficaz quando vocês perdoarem os erros de seus semelhantes. Tentem encontrar a paz, o amor e a esperança dentro de si mesmos. Tentem encontrar um meio de perdoar tudo. Tentem encontrar serenidade enfrentando os problemas com honestidade, bondade e compreensão.

Eu gostaria que vocês tivessem uma vida livre de violência. Muitas famílias estão em guerra. Muitas pessoas reagem de modos destrutivos. Onde não há perdão, há destruição. Quando suas mentes não estão dispostas a perdoar, vocês se destroem e destroem o seu mundo. Uma pessoa intolerante não tem empatia e não respeita a vida alheia. O fim da violência neste mundo virá quando cada um de vocês se tornar pacífico e compreensivo, em seu coração, sua índole e sua vida.

Ajudem-se de modos realmente úteis. Em nome de Deus, muitos se tornam tiranos, inospitaleiros e indiferentes ao sofrimento dos outros. Encontrem meios de ser realmente úteis. O melhor deles é através da oração. Muitas pessoas, especialmente as idosas e doentes, desesperam-se por achar que não podem fazer nada de bom na Terra. Enquanto vocês puderem orar com todas as suas mentes e todos os seus corações, operarão milagres. Muitos dizem que não podem ajudar ou não têm dinheiro para isso. Eu lembro a vocês que não é preciso ter dinheiro para orar. Mas suas orações causam grandes mudanças no mundo.

Orem para que a paz chegue, não só às nações ou negociações governamentais, mas também aos corações dos negociadores e das pessoas nas nações em guerra. As guerras não são causadas apenas pelos governos, mas também pelas pessoas que esses governos representam. Orem para que haja entendimento e, unidas, as pessoas se comprometam a buscar a paz. Muitos governos se unem não para buscar a paz, mas visando apenas seus interesses egoístas.

Orem não só por aqueles que têm doenças no corpo, mas também por aqueles que as têm na alma e no coração. Orem para que a cura chegue para os pais, a fim de que possam cumprir suas responsabilidades com alegria. Orem para que os pais deixem de lado seu próprio egoísmo e se dediquem às famílias que criaram. Orem pelas almas na agonia dos vícios, para que tenham coragem de resolver os problemas básicos que esses vícios escondem. Orem pelos criminosos, para que encontrem paz e amor em seus corações. Orem pelos famintos, para que recebam não só alimento para seus corpos como também para suas almas. Orem para que os líderes mundiais tenham integridade, honestidade e sinceridade em seus corações para liderar com base em vidas compassivas e pacíficas. Orem para que todos na Terra tenham mais compaixão, honestidade e paz. É isso que eu lhes peço. Essa é a minha esperança, minha oração para vocês.

Eu os amo todos os dias. Sejam pacíficos, amem-se e vivam com esperança.

Maria, Mãe de Jesus

24

Mantenham a Esperança

outubro/2000

*U*M DOS LEITORES ESCREVEU PEDINDO QUE EU EXPLICASSE *o Dia de Maria, 15 de agosto. Quando eu estava recebendo as informações que se tornaram* Mensagens de Maria para o mundo, *a Virgem Maria disse que apareceria em minha região no dia 15 de agosto, depois da publicação do livro. Isso foi por volta de 1989. Como eu não sabia se o material seria publicado, lembro-me de ter pensado: "Está certo, veremos." Sem pensar mais nisso, continuei a receber as informações.*

Na manhã de 15 de agosto de 1991, um jovem que havia lido Mensagens de Maria para o mundo *apareceu em nossa porta dizendo que queria estar comigo naquele dia, caso a Virgem Maria aparecesse. Eu não tinha nenhuma indicação de que Ela apareceria e não sabia o que fazer, mas o recebi em nossa casa. Se não me falha a memória, cinco ou seis pessoas apareceram, inesperadamente, em nossa porta. O único pedido que a Virgem Maria fez foi que eu orasse todas as horas. Achei que isso significava que eu deveria orar durante alguns minutos todas as horas... e foi o que fiz.*

No ano seguinte, recebi uma mensagem muito enigmática, que decifrei com a ajuda de uma boa amiga da Califórnia como significando que deveríamos ir para o lago Joe Pool, perto de Dallas, na hora do pôr-do-sol. Naquele ano, umas cem pessoas se juntaram a nós. Foi o ano em que começamos, a pedido de Maria, a publicar Mary's Message/Newsletter *para enviar Suas mensagens para as pessoas. No início, Ela dizia: "É hora de enviar uma mensagem para os meus leitores." Por isso, em meu coração e minha alma vocês são os "Seus leitores", e não meus. Desde então, todos os anos, no dia 15 de agosto, nós nos reunimos às margens de um lago, na hora do pôr-do-sol. Em 1996, quando nos mudamos para Oklahoma, Ela disse: "Vá para o lago mais próximo." Para mim aquilo significava que no dia 15 de agosto deveríamos ir para o lago Tenkiller.*

Todos os anos Ela aparece para mim, não tanto como uma pessoa, mas como uma figura de Nossa Senhora no céu. Não vejo realmente olhos, nariz ou boca, mas há sombras que indicam onde estão. A figura é toda azul-turquesa com gradações sutis que lhe dão dimensão e forma e sugerem um véu e um manto. O rosto e as mãos são cor de pêssego. O céu ao redor assume um bonito tom de cor-de-rosa cintilante.

Todos os anos a Virgem Maria é vista por alguém, e freqüentemente muitas outras pessoas também A vêem. Antes de agosto de 1992, eu Lhe pedira que, por favor, aparecesse para outras pessoas ao mesmo tempo. Eu estava preocupada com a possibilidade de que, se fosse a única a vê-La, ninguém fizesse caso daquilo. Em 1992, no lago Joe Pool, duas garotinhas A viram no céu. Na época, elas tinham talvez seis e sete anos. Agora cresceram e tornaram-se jovens encantadoras. Aquele foi o primeiro ano em que o sol girou e pulsou. O milagre do sol foi visto por muitos, inclusive descrentes. Mas a cada ano muitas pessoas que têm fé não vêem coisa alguma. Eu não tenho idéia do que faz uma pessoa "ver" e outra não. Desde aquele primeiro ano, a Virgem Maria também esteve em outros lugares, com pessoas que se reuniram em suas áreas no momento da aparição.

Quando as garotinhas começaram a descrever a Virgem Maria como bonita, orei pedindo para ver o Seu rosto. No ano seguinte, 1993, novamente havia umas cem pessoas presentes. Estávamos observando o sol se pôr quando Byron se aproximou de mim para perguntar se eu estava vendo o "rosto nas nuvens". Por mais que eu tentasse, não consegui vê-lo. Nossa amiga, Sally, que havia se afastado do grupo e subido em um pequeno morro, teve uma clara visão. Disse que foi tão hipnotizante que só se lembrou de que estava com a câmera nas mãos quando o rosto começou a desaparecer. Ela tirou uma foto dele, que está na quarta capa de Novas Mensagens de Maria, Vol. 1 *(Editora Nova Era).*

Outra história interessante sobre o rosto nas nuvens é a de meus bons amigos, Anita e Roger, que tinham ido para Austin, Texas, naquele fim de semana, e estavam voltando para Dallas. Eles viram um rosto nas nuvens a cerca de 250 quilômetros de distância. Era um enorme e, segundo me disseram, no início tão distinto que era possível ver os cílios e o contorno da cabeça. Eu tive de esperar para ver a foto. Várias outras pessoas A viram. Naquele ano, vi a Virgem Maria como vejo todos os anos, como uma figura de Nossa Senhora.

Eu A tenho visto de muitos outros modos. Um ano, vi Nossa Senhora brevemente, e então um enorme globo de luz azul e brilhante ocupou a metade superior do céu. Era um azul real como o visto nos letreiros de néon, mas tremeluzia com matizes diferentes. Eu me sentei e olhei para o globo pensando, o que é isto? Então, eu A ouvi. Ela disse: "Esta é a minha verdadeira essência, além da forma ou de qualquer outra identidade terrena." Para mim, isso indicou que nossa verdadeira essência é como um globo de luz, quando conseguimos deixar para trás todas as considerações terrenas.

Ultimamente a Virgem Maria tem me pedido para eu me identificar com o meu espírito e não o meu corpo, ou a minha persona. Freqüentemente, penso no globo de luz azul brilhante. Maria é bela, com ou sem forma. Dá um sentido verdadeiro à palavra tolerância. Ela tem sido muito paciente, bondosa, gentil e amorosa em todas as Suas interações comigo. Sinto que sou uma de suas filhas problemáticas, porque não tenho em relação a Ela o temor respeitoso que muitos dos meus amigos católicos têm. Para mim, Ela é a mãe amorosa, que ama além da compreensão humana do amor, da tolerância, da compreensão e da paciência.

Este ano eu estava conversando com Barbara, da Califórnia, sobre a Virgem Maria. Barbara, que é católica, estremeceu quando falei sobre algumas das minhas interações com a Virgem Maria. Freqüentemente, as pessoas reagem assim. Mas a Virgem Maria nunca me fez sentir inferior em meu modo de me relacionar com Ela. Vê tudo dentro de meu coração e sabe que, embora eu nunca tenha sido católica e não me relacione com Ela como meus amigos católicos, eu A amo.

Minhas experiências foram muitas e profundamente comoventes. Devido à minha associação e ao meu trabalho com a Virgem Maria, eu mudei. Ela tem sido o meu maior apoio, mas não brandiu uma varinha de condão em minha direção. Disse-me que devo viver esta vida o melhor que puder, à minha própria maneira, lembrando-me de que o mandamento mais importante de Cristo era amar a Deus acima de todas as coisas e ao próximo como a nós mesmos. Eu amo a Virgem Maria, e sei que algum dia A verei quando esta vida terminar, e o resto de minha vida continuar. Eu estou orando para que vocês tenham um ano maravilhoso.

Annie

✧ ✧ ✧

MEUS QUERIDOS FILHOS, VENHO LHES TRAZER A ESPERANÇA que tenho em meu coração. Muitos se desesperam em diversas situações. Não importa o motivo dos problemas, porque um conjunto de problemas é igual ao outro. O que faz a diferença é como vocês lidam com eles e os enfrentam. Quando estão "dentro do problema", às vezes ele parece insuperável e os oprime. Pode ser uma luta passar por momentos de provação, e na melhor das hipóteses pode ser um fardo. Hoje eu lhes trago esperança.

Lembrem-se de que não importa qual seja o problema, ele pode ser eliminado ou minorado se vocês o resolverem de dentro para fora. Todos os problemas terrenos começam dentro de vocês. Todos têm uma causa oculta, e quando vocês a encontram ela pode ser remediada, eliminada e esquecida. Isso é verdade em relação a todos os problemas.

Vocês podem estar enfrentando um problema de vício ou abuso. Pode ser um problema de saúde, financeiro, de divórcio, morte, perda ou questões mentais ou emocionais. Todos os problemas podem ser solucionados ou minorados através de uma correção de suas vidas interiores.

Este mundo é o lugar para vocês expressarem sua força interior, seu poder interior e sua conexão interior com Deus. É um mundo de expressão, criado para vocês viverem segundo a vontade de Deus. É um mundo de escolhas, porque Deus o fez assim. Cabe a vocês escolher se farão ou não a vontade Dele. Cabe a vocês escolher viver ou não em paz, ser felizes ou infelizes, amar ou odiar, ser tolerantes ou rígidos, compreensivos ou insensíveis, compassivos ou misericordiosos. E cabe a vocês enfrentar ou não os seus problemas.

Com esperança, tudo pode ser enfrentado, resolvido e perdoado. A esperança, meus filhos, oferece a perspectiva do bem. Enche o coração e a mente de confiança. Quando vocês têm esperança no coração, podem acreditar que Deus trará o bem em todas as situações. Não há situações desesperadoras quando vocês as enfrentam com a ajuda de Deus. Deus já os encheu de Seus atributos. Há dentro de vocês a força de que precisam para enfrentar tudo: vícios, abusos, intolerância, medo, terror, ódio, injustiça, traição e até mesmo a morte. A esperança é a essência que quero que vocês mantenham na mente e no coração. É importante que vocês se agarrem a ela.

A esperança lhes dará fé para enfrentar as dificuldades da vida, a perspectiva de bondade e resolução. Quando vocês esperam que as coisas dêem certo, geralmente dão. Quando esperam ter força, ela vem das profundezas de vocês. A esperança abre as portas interiores para a força e a coragem de que precisam para mudar suas vidas. É muito mais fácil mudar o exterior do que o interior. É fácil comprar roupas novas, mudar a aparência mudando o penteado, a forma física e o tônus muscular. Mas, meus caros, essas coisas não mudam seus eus verdadeiros. Vocês podem seguir todas as dietas da moda e adotar novas atitudes, mas isso não muda seus eus interiores. Não é a dieta do corpo que eu gostaria que seguissem, mas a de seus pensamentos e sentimentos.

Vocês se preocupam com o que vestem e não com o que pensam? Comem o que hoje é considerado saudável e ignoram o que estão sentindo? Se os seus corações estão cheios de medo, raiva de si mesmos e egoísmo, é porque vocês não estão tentando mudar o que realmente afeta seus espíritos e suas almas. Se vocês permanecem em desespero e depressão, ignoram a beleza de suas almas. Se nutrem sentimentos de raiva de alguém ou algo, contribuem para a violência no mundo. Quando, por orgulho, recusam-se a perdoar, contribuem para as injustiças do mundo. O que vocês fazem em suas próprias pequenas áreas influi muito nos acontecimentos mundiais.

Quanto mais esperança vocês tiverem, mais o mundo seguirá na direção da paz. Porque a esperança é a antecipação do bem, a confiança na bondade Divina, a crença em um objetivo superior e um fim justo para todas as situações e circunstâncias. A esperança anseia pela melhor resolução para todas as situações e circunstâncias. Além de ser bom, é sensato manter o tempo todo a esperança viva no coração. Vocês podem achar que não precisam se preocupar com isso porque têm vidas boas. Mas realmente precisam manter a esperança viva — se não por vocês, pelas pessoas escravas de vícios e tirania, presas e em situações abusivas.

Quanto mais esperança vocês tiverem em seus corações e suas mentes, mais rápido caminharão na direção da paz. A esperança antecipa o melhor resultado. Ajuda a manter a coragem diante do desastre. A esperança diz que tudo dará certo, porque acredita em um Deus amoroso. Incentiva-os a ter fé. Esses são alguns dos motivos pelos quais lhes peço que sempre a mantenham, em todas as circunstâncias e situações. Quanto mais vocês esperarem o bem em todas as situações do mundo, mais rápido tomarão o rumo da paz.

Quando vocês mantêm a esperança diante das situações que o mundo enfrenta, ajudam a conservar a consciência da humanidade assim. Ajudam pessoas de todas as partes do mundo a avaliar o que está de fato acontecendo onde vivem. Vocês têm mais poder do que qualquer guerra para mudar o resultado das situações mundiais. Mudam-nas com suas orações, meditações e esperanças.

Este ainda é um período de transição, um período de mudança, mas antecipar que elas trarão desastre é perder a esperança. Não importa o que aconteça, cabe a vocês manter a esperança. Vocês devem mantê-la no sentido de que todas as situações e circunstâncias, no final, trarão bons resultados.

Quando vocês a preservam, vêem além das aparências. Onde há guerra, a esperança vê paz; onde há ódio e preconceito, vê tolerância e compaixão; onde há vício, vê cura; onde há abuso, vê perdão; onde há medo, vê amor; onde há violência, vê serenidade. Eu os exorto a esperar e antecipar o melhor resultado possível para as situações ruins. Tenham esperança e confiança na bondade de Deus, e o desejo de que todos saibam que Deus os ama mais do que podem imaginar. Ele ama! Ama todas as pessoas incondicionalmente e sem limites. O amor de Deus é sua paz, sua confiança, seu poder e sua esperança. Lembrem-se sempre disto.

Maria, Mãe de Jesus

Este livro foi composto na tipologia Goudy Old Style,
em corpo 11,5/15,5, e impresso em papel
off-white 80g/m², no Sistema Cameron da
Divisão Gráfica da Distribuidora Record.